兰州财经大学经济学院学术文库

兰州财经大学经济学院理论经济学重点学科建设经费支持

甘肃省哲学社会科学基金项目“甘肃省乡村振兴与扶贫开发协同机制研究”（项目编号：19YB009）
兰州财经大学数字经济与高质量发展科研创新团队建设经费 资助
兰州财经大学科研专项

杨迎军◎著

低劳动力成本经济增长状态下的城乡居民收入差距研究

DILAODONGLI CHENGBEN JINGJI ZENGZHANG ZHUANGTAIXIA DE CHENGXIANG JUMIN SHOURU CHAJU YANJIU

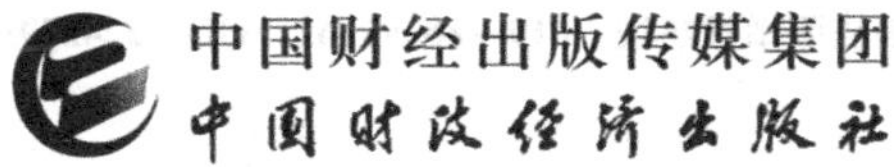

图书在版编目（CIP）数据

低劳动力成本经济增长状态下的城乡居民收入差距研究／杨迎军著．--北京：中国财政经济出版社，2022.6

（兰州财经大学经济学院学术文库）

ISBN 978-7-5223-1314-6

Ⅰ.①低…　Ⅱ.①杨…　Ⅲ.①居民收入－收入差距－城乡差别－研究－中国　Ⅳ.①F126.2

中国版本图书馆CIP数据核字（2022）第054467号

责任编辑：彭　波　高树花　　　　责任印制：史大鹏
封面设计：陈菁华　　　　　　　　责任校对：张　凡

中国财政经济出版社 出版

URL：http：//www.cfeph.cn

E-mail：cfeph@cfeph.cn

社址：北京市海淀区阜成路甲28号　邮政编码：100142

营销中心电话：010-88191522

天猫网店：中国财政经济出版社旗舰店

网址：https：//zgczjjcbs.tmall.com

北京财经印刷厂印刷　各地新华书店经销

成品尺寸：170mm×240mm　16开　11印张　170 000字

2022年6月第1版　2022年6月北京第1次印刷

定价：68.00元

ISBN 978-7-5223-1314-6

（图书出现印装问题，本社负责调换，电话：010-88190548）

本社质量投诉电话：010-88190744

打击盗版举报热线：010-88191661　QQ：2242791300

前　言

中国正在向第二个百年奋斗目标迈进，为适应社会主要矛盾的变化，更好满足人民日益增长的美好生活需要，必须把促进全体人民共同富裕作为为人民谋幸福的着力点。高质量发展需要高素质劳动者，只有促进共同富裕，提高城乡居民收入，提升人力资本，才能提高全要素生产率，夯实高质量发展的基础。伴随百年未有之大变局和百年未遇之新冠肺炎疫情的叠加影响，全球收入不平等问题突出，一些国家贫富分化，中产阶层塌陷，导致社会撕裂、政治极化、民粹主义泛滥，教训十分深刻。中国必须坚决防止两极分化，促进共同富裕，实现社会和谐安定。本书通过阅读大量的文献和实地调查研究发现，中国发展不平衡不充分问题仍然突出，城乡区域发展和收入分配差距较大，特别是新一轮科技革命和产业变革有力推动了经济发展，也对收入分配带来深刻影响，包括一些负面影响，需要有效应对和解决。

本书在研究城乡差距时，聚焦新中国成立以来至党的十八大之前的发展战略，提出中国低成本劳动力经济增长状态是造成该时期城乡差距持续扩大的根源。虽然新中国成立以来农村居民生活水平出现了天翻地覆的变化，但相较城市居民的收入增长，中国低成本劳动力经济增长战略的实施客观上抑制了农村居民收入的快速增长。总担心农村居民收入如果提高的话，中国劳动力红利就消失，低成本增长优势就消除了。这一战略实施中还利用了许多理论作为支撑，如刘易斯二元结构理论、比较优势理论和赶超战略。在实践中其有三个特征：农村支援城市、低劳动要素成本和居民身份属性上的三重结构。这一状态带来了农民工收入长期较低增长，从而出现城乡收入差距持续扩大。

低劳动力成本经济增长状态下的城乡差距扩大出现许多不利的宏观后果。城乡差距下的消费需求增长乏力。需求对于经济增长有决定性作用，特别是当农村消费需求不足时，对中国宏观消费需求形成制约。城乡差距下的财产性收入差距凸显。房产在总体的居民收入中占的比重很大，城镇居民中一些高收入者和既得利益者拥有多套住房，他们不仅获得了巨额流量财富，还可以租给中低收入者获得额外租金收入；租金跟随房价一路水涨船高，这让中低收入者，尤其是农民工由于生活成本过高而回流到了原籍。城乡差距下的福利性收入差距惊人。如灰色收入、相对收入、地位收益等造成的差距；农村劳动力流动之后的“三留”问题等体现出的非货币化收入差距。

目　　录

| 第一章 |

导　　论

第一节　研究背景

习近平总书记在庆祝中国共产党成立100周年大会上的讲话中向世界庄严宣告："中华民族迎来了从站起来、富起来到强起来的伟大飞跃，实现中华民族伟大复兴进入了不可逆转的历史进程！""实现中华民族伟大复兴进入不可逆转的历史进程"，不仅仅体现了中国共产党对完成自己初心使命的历史责任感和精神自信，更是一个立足于实现了第一个百年奋斗目标、全面建成了小康社会这个新发展阶段，对未来中华民族伟大复兴历史进程的重大科学判断，需要深入理解和把握其关键内涵和重要原因。中国正在向第二个百年奋斗目标迈进，为适应社会主要矛盾的变化，更好满足人民日益增长的美好生活需要，必须把促进全体人民共同富裕作为为人民谋幸福的着力点。高质量发展需要高素质劳动者，只有促进共同富裕，提高城乡居民收入，提升人力资本，才能提高全要素生产率，夯实高质量发展的基础。伴随百年未有之大变局和百年未遇之新冠肺炎疫情的叠加影响，全球收入不平等问题突出，一些国家贫富分化，中产阶层塌陷，导致社会撕裂、政治极化、民粹主义泛滥，教训十分深刻。中国必须坚决防止两极分化，促进共同富裕，实现社会和谐安定。

改革开放初期，随着家庭联产承包责任制的推行，农村居民收入快速增长。1978～1988年，农村居民收入平均增长12%，城镇居民收入平均增长 6.2%，农村居民收入增长速度快于城镇居民收入的增长速度，过去计划经济时期形成的城乡收入差距有所缩小。用不变价计算的城乡居民收入比从 1978 年 2.57∶1 下降到 1988 年的 2.17∶1。从 1989 年起，农村居民收入增长速度持续慢于城镇居民收入增长速度，差距幅度不断扩大，从而城乡差距不断扩大。用不变价计算的城乡居民收入比从 1989 年 2.29∶1 扩大到了 2006 年的 3.33∶1。最低收入群体的收入水平有所提高，但在居民全部收入中占有的份额减少；最高收入群体的收入增加更大，其收入大幅增加。最低收入群体的收入增长速度远低于最高收入群体的收入增长速度。2006 年占全部居民 50% 的低收入居民，在全部居民收入中份额不足 19%。在不同收入组的人口构成中，收入最低的 30% 居民中，90% 以上是农村居民。

中国社会科学院经济研究所课题组从 1988 年开始收集住户收入数据，利用 1988 年、1995 年、2002 年和 2007 年调查数据分别对这些年份的全国收入差距的基尼系数进行了估计，得出的结果显示基尼系数是不断上升的，如 1988 年的基尼系数为 0.395，1995 年为 0.456，2002 年为 0.460，2007 年为 0.483。这些估计结果被国内外学术界广泛地引用。2013 年国家统计局公布了 2003～2012 年全国收入差距的基尼系数，而且在此以后逐年公布。根据国家统计局的估计结果，2003～2008 年基尼系数是不断上升的，从 0.479 上升到 0.491。从 2008 年以后基尼系数出现下降的势头，如到 2010 年为 0.481，2015 年为 0.462①。虽然有下降的趋势，但都明显高于 0.4 的国际警戒线。中国收入差距最主要的表现在城乡居民收入差距上。居民收入差距过大主要体现的是以农民工为代表的常住人口的过低收入与城市高收入就业者的高收入的差距。农村内部的收入差距相对较低，主要是农村内部的收入差距主要来源于农村不同家庭的打工收入，而由于每户家庭的打工人数不同（也就是外出打工者人次不同）、打工类型不同（外出打工是固定工还是临时工）、打工区域不同，农村居民内部的收入会有差距，但由于整体的打工收入的过低，打工收入不会拉开农村居民内部间的收入差距。

---

① 李实：《当前中国的收入分配状况》，《学术界》，2018 年第 3 期：第 5－19 页。

而农民工的务工收入已成为农村家庭最重要的一个现金收入来源，2007 年中西部农村劳动力转移大省中，务工收入至少占农户家庭人均现金纯收入的 40%、人均纯收入的 34%。依据农民工的有关统计资料，农民工月平均工资 2010 年之前基本上在 1500 元左右，2011 年以来，增加到 2000 元左右。增加的工资的绝对数与城市生活成本的大幅提高相比还是太低了。从分行业的工资统计来看，2009 年餐饮及服务业的工资 1200 元，到 2012 年超过 2000 元。再依据 2012 年的有关统计资料，比较农民工平均年收入与最高收入行业年平均收入，农民工月平均工资按 1500 元计算，而全年工作时间最高按平均的 10 个月计算①，这样平均年收入 15000 元；最高收入行业为金融、保险业，年平均收入为 89743 元；最高收入行业的金融、保险业年平均收入与农民工的平均年收入的收入比为 6：1，这与 2012 年城乡收入比为 3：1 相比翻了一番。这其中，城市居民中还有许多没有计入货币收入的福利性收入。如果考虑到这一因素，农民工与城镇居民的城乡差距将更大。

在中国城乡差距的研究方面，学术界多数注重微观层面，或者说从市场经济运行方面去寻找原因，如城市化进程、职业选择、人力资本投资、工资角度、劳动力素质差异、资本流动等角度做分析。实际上，市场经济不存在收入分配的自动调节机制，市场经济运行过程中不可避免地会出现居民收入差距扩大的现象。而这种收入分配差距扩大体现为正负两个方面的效应：正效应主要体现为激励效应，能促使经济效率的提高；而负效应主要表现为广大低收入居民特别是农民工购买力下降，需求不足，制约经济增长。判断由市场经济机制所带来的城乡差距是否在合理的范围之内，主要是观察这一差距所带来的正效应是否大于它可能带来的负效应。在收入分配差距的研究方面，本书主要从经济增长战略层面分析形成收入分配差距的深层原因，且主要从城乡居民收入差距入手。从 1949 年以来为实现国民经济的快速增长，实现由农业国向工业国的转变，我国在不同阶段采取了不同经济增长战略：从阶段上讲分为改革开放前 30 年和改革开放

① 农民工的就业时间与农民工的工作类型有很大的关系，如固定的工作时间相对较长，可能平均能达到 11 个月；临时工的工作时间受季节的影响因素特别大，最多工作时间也就是每年 6～8 个月。

后30年两个阶段，前一阶段以赶超战略为主，而后一阶段以比较优势理论为战略基础；这两个阶段都有一个共同的特点就是农村支援城市，通过农业部门的要素低价格来实现经济增长，前一阶段主要以抽取农业部门剩余为主，后一阶段主要通过低要素成本来实现。这些战略实施过程中以户籍制度为核心，资源配置中农村向城市单向流动，工农业之间或者城乡之间的资源转移，通常以借贷资金的形态表现出来。据有的学者的研究，整个计划经济时期以各种途径采取的农村资源向城市的无偿转移进行估算，在6000亿~8000亿元①。直到现在，这种农业和农村资源向非农产业和城市单向流动的局面还没有扭转。40多年的改革经历之后，随着农产品价格市场发育和完善，工农业产品价格“剪刀差”在一定程度上有所减弱，但是农业和农村资源向城市单向流动局面没有根本改变。

第二节　研究意义

一、理论意义

居民收入分配是宏观经济学中的一个“永恒的主题”，特别是在社会经济发生重大变革或者是在社会经济转型时期，这一问题往往会成为社会各个方面特别关注的热点。这是因为在社会经济发生急剧变革的过程中，居民收入分配的格局必然会随着社会经济的发展而发生重大的变动。发展经济学先驱、美国诺贝尔经济学奖得主阿瑟·刘易斯指出，收入分配的变化是发展进程中最具政治意义的方面，也是最容易诱发妒忌心理和混乱动荡的方面，如果没有很好地理解为什么这种变化会发生，它将会起到怎样的作用，就不可能制定出行之有效的宏观经济政策。

中国社会还处在经济大转型深化时期，在计划经济体制和这一体制下的收入分配方式逐步被扬弃而退出社会经济运行的同时，与社会经济发展需要

① 蔡昉：《城乡收入差距与制度变革的临界点》，《中国社会科学》，2003年第5期，第11-16页。

相适应的社会主义市场经济体制和这一体制下的收入分配方式尚在逐步形成之中。在这新旧经济体制交替过程中，不可避免地会出现经济体制和分配方式不能平滑衔接的问题，再加上人们对新的经济体制和分配方式需要有一个思想认识和观念逐步适应的过程，个人收入分配差距不断扩大问题在中国经济转型时期引起人们特别的争论和关注是必然的。

学术界对中国收入分配差距过大的现象在十几年前就已基本达成共识，但对这一现象的认识却充满矛盾。一方面许多学者认为城乡差距过大会对中国经济产生不利的影响；另一方面，在讨论中国经济增长时，又认为继续保持低要素成本有利于经济增长。如果要素成本提高，那么人口红利就会消失、刘易斯拐点就会到来、国际贸易中的比较优势就会消除。本书就是针对这一低成本战略作深入的剖析。

二、实践意义

当前中国的收入分配差距尤其是城乡居民差距较大，而且没有减缓的趋势。20 世纪 80 年代前半期，由于实行家庭联产承包责任制，农村居民的收入出现了短暂的增长，而收入分配差距有所缩小。后半期以来，全国居民收入不均等程度逐渐提高，特别是城乡居民的收入差距逐渐扩大。工业化、城市化的发展成果并没有为全体居民所共享，在收入最低的 30% 人口当中，90% 以上依然是农村人口。

城乡居民收入差距的不断扩大，特别是农民工的收入水平较低。公正是指在一定法制环境下对效率、公平和平等的兼顾。符合公正性要求的制度特点主要是：在私人领域建立竞争性的按要素市场价格分配的机制，以保障经济活力；在公共领域确立竞争的合理秩序，并通过国民收入再分配渠道确立国民利益的基本平等；在这两个领域均通过民主、公开的原则确立利益冲突的调节政策；在实施过程中应体现为经济效率、社会平等、社会稳定三个方面的兼顾，在解决收入分配差距过大时应明确提出“公平优先、兼顾效率”的原则。

从经济因素看，收入分配差距大在很大程度上削弱了居民的购买力，这使低收入人群特别是农村居民的消费需求因为缺乏购买力得不到满足，造成高收入人群储蓄因为消费需求不足而无法转化为投资，从而在长期上抑制了社会总需求的增加、影响经济增长的潜力；差距大制约财政等宏观政策的调控效果，强化了中国社会的农村、城市二元经济结构，恶化了经济的运行环境；差距大产生“马太效应”，会导致穷人越穷、富人越富。在社会因素方面，外国学者佩罗蒂（Perotti）和阿莱西纳（Alesina）曾经提出了收入分配影响宏观经济增长的社会政治不稳定机制，他们认为收入分配可能导致产权保护薄弱，引发社会冲突，从而妨碍经济增长。

本书着重分析造成城乡差距过大的政策和战略原因，强调低成本战略所造成的农民工收入偏低的不合理性①。因此，目前应调整这一战略，提高劳动者收入，通过提高劳动者收入来进一步提高消费需求。扩大国内市场消费空间是支持中国经济持续增长的主要力量，中国经济现已进入新的发展阶段，如果继续依靠低成本战略发展是很不合理的，现在应该接受劳动者收入提高的变化。农民收入、特别是农民工收入都应得到相应提高。中国当前的产业结构不合理，劳动力收入提高后，有利于劳动者素质的提高，有利于技术进步，这样才能实现中国制造业转型。本书还提出了一些建设性的意见：建立动态的、综合的收入分配差距警戒系统；建立以社会公正为基础的收入分配差距宏观经济政策调控目标。

第三节　研究方法

一、文献研究法

本书通过大量阅读国内外有关收入分配、收入分配差距的测量、收入分配差距的成因、收入分配差距的政策调节、城乡差距的测量、成因及政策调节等方面的理论文献，了解和借鉴其研究成果，分析其研究的不足，试图从本质上来寻找造成中国收入分配差距过大深层战略原因、分析可能带来的宏

① 杨迎军：《论宏观经济政策是影响中国居民收入分配差距的关键性变量》，《经济视野》，2013年第12期，第357－359页。

观后果，以便于提出宏观经济政策的具体实施。在阅读文献的过程中，笔者围绕本书的题目明确主题、层层深入，将文献进行分类整理，并做好笔记。分类主要是以如下主题来划分：国内外西方经典学术著作；著名学者相关问题的著作及论文；权威刊物城乡差距方面的论文（经济研究、经济学季刊、管理世界、经济学动态、中国农村经济和中国农村观察等）；相关主题的博士论文、一般期刊论文和网络资料等。在对这些文献认真研读的基础上，奠定本书坚实的理论基础。

二、调查研究法

为获取有助于研究的第一手资料，在清华大学中国与世界经济研究中心（CCWE）的协助下，笔者与其他两名同学组成“中国社会科学院研究生院博士调研组”，于2012年2月奔赴陕西省延川县作了为期10天（2012年2月16日至2月25日）的调查研究①，并撰写了相应的调研报告。笔者单独于2014年1月25日至2月14日到甘肃省华亭县西华镇阳关村，围绕该村基本情况、农村居民收入来源、农民工进城务工及生活现状和近10年来人口变动及重大支出情况进行了入户调查。这些深入实际的调查活动为本书的写作打下了可靠的实践基础。

三、实证研究法

本书主要通过查阅国家统计局数据库、中国发展经济指标数据库、Winds数据库、世界银行数据库以及CEIC等数据库以及应用学术期刊及著

① 具体调查地点：延安市革命历史博物馆、延川县县直机关、延安市明珠集团（永坪镇）、土岗乡乾坤湾、永坪镇贺家崖村、梁家河村等地。在调查临结束时，2月22日，进行本次调研活动最为重要的一项内容，召开座谈会。座谈会的地点选在明珠集团下属的明珠宾馆的五楼会议室进行。会议的规格较高，参会的人员和单位有延川县的县领导、各县局机关、乡镇代表、明珠集团的代表和调研组，具体人员包括：王军（副县长）、霍永胜（政协副主席、工商企业联合会主席）、刘涛总经理（明珠集团）以及政府办、科技局、农业局、统计局、地税局、工商局、财政局、文化局、图书馆、高家屯乡政府、永坪镇政府的一把手或主管经济的负责人，还有调研组的三位成员（杨迎军、厉克奥博和李睿）。

作中的数据来获得一手的和二手的数据资料；运用数量经济理论定量研究中国收入分配差距的程度、城乡居民差距的程度和有关影响因素分析；采用一些图表很直观和清晰地展示各种围绕城乡差距的相关因素的变动情况。

第四节　研究创新点

一、劳动力低成本经济增长战略造成城乡差距持续扩大

本书在研究城乡差距时，提出中国低成本劳动力经济增长战略是造成这一差距持续扩大的根源。这一战略实施中还利用了许多理论作为支撑，如刘易斯二元结构理论、比较优势理论和赶超战略。这一战略的内涵是：从 1949 年以来为实现国民经济的快速增长，实现由农业国向工业国的转变，所采取的经济增长战略；它从阶段上讲分为改革开放前 30 年和改革开放后 30 年两个阶段，前一阶段以赶超战略为主，而后一阶段以比较优势理论为战略基础；这两个阶段都有一个共同的特点就是农村支援城市，通过压低农业部门的要素价格来实现低成本经济增长的战略，只不过前一阶段主要以抽取农业部门的剩余为主，而后一阶段主要以低劳动力成本为基础来实现；这一战略实施过程中以户籍制度为核心，采取了偏向城市的宏观经济政策。

这一战略有三个特征：一是农村支援城市，将各种农村资源用各种方式转向城市；二是压低劳动要素成本，特别是农民工的工资成本；三是居民身份属性上的三重二元结构，造成农民工流动进城。这一战略下的城乡差距扩大有如下具体表现：从宏观调控目标上看更注重经济增长、物价调控和供给问题，而忽视就业问题、收入增长问题、消费问题；在收入分配结构中，国民收入分配向资本所有者倾斜，资本收入增长过快，劳动收入增长缓慢，劳动者报酬所占份额不断下降；城乡二元结构、城市户口和非本地居民户口的二元结构等成为决定收入水平的关键因素；等等。

这一战略在实施时有一种强烈的政策偏向，那就是保持农村收入的低水

平状态，这样可以持续的产生在城市与农村就业的明显的收益差，从而促使“农村剩余劳动力”（有许多是被动的、无奈的相对剩余）源源不断地流向城市。这一战略在新的发展时期出现了新的矛盾，一方面，由于大中城市的市场准入及生活成本的急剧提高，许多农民工回流到了原籍，这就出现了所谓“用工荒”现象；另一方面，出现了所谓的“普遍工资上涨”现象，解释这些现象都应该以劳动力低成本战略为依据。因此，不改变这种战略，就无法摆脱经济增长的下滑趋势，有可能真正落入“中等收入陷阱”。

二、从福利性收入视角分析城乡差距

从现有研究文献上看，在估计居民收入差距时所使用的收入定义有三种：一是国家统计局住户调查中的城镇居民可支配收入或农村居民纯收入，也可称为官方对居民收入的定义。二是卡恩对于居民收入的定义，该收入定义是在国家统计局居民收入定义的基础上增加了三项收入：公有住房的实物性租金补贴、私有住房的归算租金、各种实物收入的市场估值。中国收入分配课题组从 20 世纪 80 年代末开始估算中国居民收入差距，赵人伟等（1994）[①]、赵人伟等（1999）[②]、李实等（2008）[③] 等的研究成果大部分论文都采了卡恩的收入定义。三是福利含义的收入定义。它在卡恩的居民收入定义上增加了给城乡居民带来实际福利的社会保障和社会福利的市场估值。如果考虑到居民收入所获得的实际福利，那么居民收入不仅要包含所有能够反映居民福利差异的收入项目以保证其内涵在不同群体中的一致性，而且要求货币收入应当具有相同的实物支配能力，从而城乡居民之间和地区居民之间具有可比性。

其实，即使将收入差距货币化之后，人们感觉到的只是货币符号的大小，鲜活的事实可能更具有冲击力。而且还有许多的差距根本无法用货币来

---

① 赵人伟：《经济体制转型问题的若干看法》《经济社会体制比较》，1994 年第 6 期，21－24 页。Sylvie D. murger Martin Fournier、李实、魏众：《中国经济改革与城镇劳动力市场分割——不同地区职工工资收入差距的分析》《中国人口科学》，2008 年第 2 期，2－11 页。

② 赵人伟、李实：《中国居民收入差距的原因分析》《会计之友》，1999 年第 12 期，33－36 页。

③ Sylvie D. murger Martin Fournier、李实、魏众：《中国经济改革与城镇劳动力市场分割——不同地区职工工资收入差距的分析》《中国人口科学》，2008 年第 2 期，2－11 页。

衡量，它本身可能不是一个经济效率的比对问题，更多涉及了社会公正问题。这样的收入差距问题笔者把它定义为福利性收入差距问题。例如，灰色收入、相对收入、地位收益；劳动者的工资强度、工作环境、身体健康问题；农民工在城市遭遇的不公正待遇问题；农村劳动力转移之后的“三留”问题，尤其是广大中西部地区的农村已出现逐渐“空洞化”的现象。

| 第二章 |

城乡差距相关文献评述

第一节 西方学者城乡差距相关文献评述

一、农村转移劳动力文献评述

刘易斯（Lewis）在论文《劳动力无限供给条件下的经济发展》中首次提出了二元经济结构模型。他认为二元经济结构是多数发展中国家的共同特征，在发展中国家中存在着两种生产部门：以农业为主的农村生产方式和以制造业为主的城市生产方式；农村和城市两个部门具有不同二元经济结构特征（见表 2－1）。伴随经济发展，农业存在着接近无限供给的剩余劳动力，这部分剩余劳动力将从农业中逐步转移到制造业中，最终实现二元经济结构消除。

表 2－1　　中国城市与农村二元经济结构特征

特征	农村	城市
生产方式	手工劳动	机器大生产
资源投入	土地和体力劳动力	资本和智力劳动力
生产规模	小规模劳动	大规模作业
生产效果	规模报酬递减	规模报酬递增
技术状况	劳动密集耕种技术且更新慢	现代化生产技术且更新快
产品交换	主要是自给自足	社会化分工

刘易斯的模型实际上是根据生产过程中的劳动和资本供求关系来分析要素所得的收入分配关系。他认为，当劳动力相对比较富裕时，劳动力价格比较低，而资本收益相对较高；当资本积累不断增加，劳动力显得稀缺时，资本收益将会逐渐减小，劳动收益将会相对增加。他还认为，保持农村转移劳动力的生存工资水平，是工业化、二元结构向一元结构过渡的必要条件。这已经存在着以劳动力低成本来追求工业化的理论含义。

耶鲁大学经济学教授费景汉（J. C. H. Fei）和古斯塔夫·拉尼斯（G. Ranis）（1961，1964）[①] 认为，刘易斯二元经济结构模型有两个缺点：不重视农业在促进工业增长方面的重要性；忽视农业生产率提高而出现剩余产品是农业劳动力向工业部门流动的先决条件。刘易斯在低估农业部门重要性的同时，也未看到人口增长和资本密度对剩余劳动力吸收过程的实际影响。他们指出，要实现刘易斯描述的那种转换机制，农业部门必须同工业保持一样的增长。从费景汉和拉尼斯观点中概括出如下要点：农业和工业应当平衡地增长；农业增长同工业增长一样重要；吸收劳动力的速度要高于人口增长速度，这样才能摆脱马尔萨斯陷阱。两个部门中相对固定的或缓慢倾斜的实际工资的存在，导致劳动密集型技术的选择，也导致二元经济中农业与非农业部门在一定时期内使用技术的变化。在一般均衡的情况下，给定两种工资时，农业劳动向工业的再配置与农业剩余的产生同时出现，就是静态均衡增长的一部分，这需要在动态的背景下进行探讨。所谓两部门之间非熟练劳动力的工资差距，部分用来诱使农业劳动者克服对土地和家庭的留恋；部分用来支付运输费用；部分工业工资水平受各种制度因素的影响。这样，二元经济中发展问题的核心，就变为农业部门能否提供足够多的农业剩余供非农业生产性投资用。可出现的问题是，非农业部门得到的由这种农业剩余加上工业利润投资所产生的资金，是否增长得足够快，可以去继续吸收再分配的劳动力。过一段时间以后，必定会在两个部门中的资本积累和技术之间形成一种平衡的状况，同时，这种平衡增长必须以快于人口和劳动力增长的速度进行。

拉尼斯所认为的不重视农业严重性实际上指工业化过程中对农民的压

---

① 拉尼斯和费景汉发表论文《经济发展理论》和《劳动剩余经济的发展》。

制，阻碍了农业劳动力能够有效率地向城市工业移动。劳动力要向工业转移，必须保证农业能产生足够的剩余。农业劳动者向城市的转移也要有可预期的收入，使它愿意向工业流动。他指出了刘易斯二元结构模型的缺点，就是不能过度压低劳动者收入。只有在劳动者价格水平不被过低压制的情况下，工业化才能顺利进行。由此可以看到，拉尼斯所修改的二元经济模型就已经注意到了低劳动成本对经济的不利影响。而刘易斯本人没有对劳动者收入成本过低的负面影响引起注意。刘易斯模型的这一缺点后来被中国学者作为一个优点来看待，而拉尼斯已经看到了劳动者成本压得过低不利于农村劳动力转移的缺陷，只有在农业劳动者的利益得到保证之后，才能更有效推动工业化。而中国学者总是强调刘易斯所说的劳动成本低才实现工业化的过程，而劳动成本高的话，会使得这一过程消失。这种说法把刘易斯模型的缺陷当成了优点，没有注意到劳动力收入提高，工业化过程才能推进的这样的一种情况。中国在工业化过程中过于强调劳动力成本过低的作用，忽视了过低所产生的缺陷。拉尼斯已经注意到了刘易斯没有考虑到的劳动力低成本不利于城市工业化，也不利于农村剩余劳动力的转移；注意到了农民工福利的改善，有助于真正实现农村城市一体化；他早就发展了对农民工收入的压低对工业化、城市化的影响，可是中国仍然将劳动力低成本当作中国经济增长的基本条件。与此相反，农民工收入的提高有利于工业化进程，有利于农民工转移进程。

二、比较优势理论文献评述

传统的比较优势理论包括李嘉图（1976）的比较成本理论和赫克歇尔－俄林的资源禀赋说。[①] 传统比较成本理论认为，不同国家生产不同产品存在成本或劳动生产率差异，各国应分工生产本国相对具有优势的产品。资源禀赋说的理论核心是：各国存在资源禀赋差异，有的国家劳动力资源丰富、有的国家资金和技术丰富、有的国家自然资源丰富，各国应根据资源优势使用本国最丰富的生产要素生产产品，然后通过国际贸易获得最大福利。根据比

① 赫克歇尔－俄林的资源禀赋理论被称为新古典贸易理论，其理论模型即 H－O 模型。

较利益理论，各国按照比较利益原则加入国际分工，形成对外贸易的比较利益结构。一般来讲，发展中国家自然资源和劳动力丰富，而发达国家资本和技术资源丰富，据此形成的贸易格局是：自然资源密集型产品和发达国家进口劳动密集型产品，出口资本、技术密集型产品；发展中国家进口资本、技术密集型产品，出口劳动密集型产品。近年来针对传统比较优势理论，经济学家的最新成果主要集中在对传统比较优势理论批判的基础上。主要从内生比较优势和动态比较优势的理论拓展两个方面进行。需注意的是，由于内生比较优势研究强调经济发展中的后天因素，而后天因素是可改变的，内生比较优势的讨论必然导致比较研究由静态分析到动态分析的拓展。同样，动态比较优势又往往由比较优势的后天因素即内生比较优势理论来解释。这样，比较优势内生化和动态化研究出现了交织。还有一些经济学家特别关注了政府在比较优势中的作用，因为政府可以通过相关政策影响经济发展中的后天因素。

斯蒂格利茨[①]（Stiglitz）首次引入规模经济来分析比较优势，研究发现，即使两国初始条件完全相同，没有李嘉图所说外生比较优势，但如果存在规模经济，那么两国可以选择不同的专业，从而产生内生的绝对优势。克鲁格曼[②]（Krugman）发展了一个基于规模经济的垄断竞争模型，该模型基于自由进入和平均成本定价，将产品多样性的数目视为由规模报酬和市场规模之间的相互作用内生决定。杨小凯在批评新古典主流理论的基础上，从专业化和分工视角拓展了内生比较优势分析。他认为，内生比较优势会随着分工水平的提高而提高。多勒尔（Duoler）针对规模经济理论的局限性，认为技术差异是对发达国家专业化程度日益深化的合理解释。例如，日本、德国和美国的许多出口品之所以被看作是高技术产品，是因为在这些产品中研发比例很高，且其员工中科学家和工程师占比大。但多勒尔也认为，尽管技术差异能解释比较优势，但这种解释只是针对短期有效，对长期比较优势的解释并不能令人满意。

美国经济学家巴格瓦蒂（Bhagwati）对比较优势理论或者说比较成本理

① 斯蒂格利茨：《信息与竞争价格制度》，载《美国经济评论》，1976 年第 2 期。

② 根据斯蒂格里兹的规模经济与多样化消费之间两难选择的模型，克鲁格曼建立了一个由规模经济而不是由要素禀赋或技术的模型，最终得出结论或要素禀赋差异的结果。

论提出了深刻批评。比较优势成本指发展中国家整体水平低于发达国家时，发展中国家可以利用发达国家劳动力短缺、劳动成本比较高，而本国劳动力丰富、劳动成本相对比较低的优势发展国际贸易。这样发展中国家可以将劳动力成本比较低，从而产品价格比较低的优势，将本国产品出口到发达国家获取贸易利益的模式。这种理论的可取之处在于，即使再贫穷的国家也可以找到本国的比较优势，主要是比较劳动低成本优势。巴格瓦蒂批评了比较优势理论，特别是要素禀赋理论。他指出，发展中国家在运用比较优势理论时，如果做得不好，往往会出现贸易受损的情况。发展中国家在国际贸易的过程中，如果过低压低本国劳动者的价格，出口产品的价格可以很低。但是，出口价格过低有三个影响因素，第一，如果出口产品的价格过低，会导致贸易条件恶化。劳动价格压得过低，本国的出口产品价格过低，而外国的进口产品价格过高，这是一种贸易条件的不利现象，不利于国家贸易竞争力和福利的根本提升，最终也无法持续。第二，出口产品价格过低，以压低劳动者收入为代价来实现。在本国内，这种低成本更多的是以牺牲劳动者的健康、安全和生活水平来实现。发展中国家的社会保障普遍不完善，这更多的与本国政策的不合理有关。这种牺牲本国劳动者社会福利的方式是不合算的，出口的数量越大，带来的贸易损失越大。第三，这种理论可能使发展中国家的贫困加重。劳动收入越低，出口的力度越大，劳动者利益受损也越大，不顾劳动者利益的出口对国家的长远发展也是不利的。

巴格瓦蒂认为，由于技术进步或者要素积累增加引致的实际产出增加可能使价格贸易条件不利于正在增长的国家，而价格贸易条件的恶化所造成的损失会超过产出增加所带来的收益，最终使该国的境况不如从前，即出现贫困化增长。发生贫困化增长的原因从表面上看，在于经济增长导致了价格贸易条件的恶化，进而造成了居民福利水平下降。但深层的分析是，经济增长导致的价格贸易条件恶化以及福利水平下降具备以下条件：一国商品出口必须在短期内大幅度提高；该国必须是一个贸易大国，这样其大幅度的出口扩张必然导致该国贸易条件的恶化；世界上其他国家对该国出口商品的需求弹性很低，这样该国贸易条件恶化的程度将十分严重；该国经济严重依赖对外贸易，贸易条件的大幅度恶化才有可能导致整个社会福利的绝对下降。

也就是说，一国实现经济增长后，尽管出口数量有所增加，但是价格贸易条件却以更大的幅度下降，这同时又导致了收入贸易条件和要素贸易条件的恶化，从而造成了福利水平的下降。贫困化增长的根本原因在于劳动力收入过低，出口产品价格过低。因此，消除“贫困化增长”的关键并不是放弃经济增长，而是要消除各种内生的和政策性的经济扭曲。巴格瓦蒂价格贸易条件恶化情况下贫困化增长的大国情形特别适合中国对外贸易发展的实践。正是由于中国长期以来劳动力收入过低的发展模式，导致外贸依存度的过度提高，最终出现了最低劳动群体的社会福利没有改善的结果。

第二节　中国学者城乡居民收入差距相关文献评述

一、城乡居民收入差距与测度

针对居民收入差距的测度主要是规模性收入分配所要研究的问题。可是对居民收入差距中“收入”本身的测度又是一个非常复杂的问题。陈宗胜（1991）在《经济发展中的收入分配》中采用了人均生活费收入比、人均全部收入比、人均消费水平比进行综合比较。李若建（1994）采用城镇居民人均生活费收入和农村居民人均纯收入这两个指标比来比较城乡居民收入差距。问题是城镇居民人均生活费收入和农民人均纯收入这两个指标在比较城乡居民收入差距时缺乏基本的条件，即口径和范围的不一致。国家统计局农调总队课题组（1994）认为，比较合理的比较城乡居民收入差距的指标是人均可支配收入。农村居民人均纯收入与人均可支配收入从统计范围上基本一致。而城镇居民人均生活费收入中没有包括城镇居民所获实物收入，这与人均可支配收入有所不同，需要进行调整。因为城镇居民从政府获取了大量的非货币性补贴，而农村居民则没有得到相应的补贴。所以测度中国城乡收入差距时衡量城市居民的非货币性补贴就显得很重要。国家统计局农调总队课题组曾在一项研究中尝试用城市非工资性收入信息来补充家庭调查资料。在非工资性收入中包括了城镇居民实际获得的医疗补贴、住房补贴和其他没有统计到家庭收入中的补贴，还有单位发放的实物。尽管非工资性收入没有统计在城市家庭调查中，但可以从总量上获取一些信息。有了城镇居民的非工资性收入信息的补充，就可以更加准确地评价中国城乡收入差距。遗憾的是国家统计局农调总队课题组的研究只是估算了 1980 ~ 1992 年的非工资性收入。后来蔡昉等（2000）的研究进一步地把城镇居民的非工资性收入信息扩展到了 1978 ~ 1997 年。赵人伟等（1999）利用中国社会科学院 1988 年和 1995 年两次抽样调查的数据资料，对中国城乡居民可支配收入进行了合理测度和研究。

一个国家的收入差距，既受到发展因素的影响，也受到市场因素和制度因素的影响。2009 年以来，国家统计局公布的基尼系数出现了下降，这体现了经济社会发展形势中发展因素的一些积极变化，例如城乡收入差距和区域收入差距的缩小（储德银等，2013；赵文、张展新，2013；欧阳志刚，2014；罗楚亮，2017；刘华军、杜广杰，2017）。因此，基尼系数下降有积极意义。但也要认识到，并非所有因素都在向着积极的方向变化。由于市场本身不完善和发展方式不合理（张车伟、赵文，2015），我国收入差距仍然很大。最近惠农政策的力度有所减弱，使 2016 年基尼系数出现了小幅度回升（李实，2018），个人所得税迟迟不能很好地发挥调节收入差距的作用（张车伟、赵文，2016），垄断行业收入畸高（岳希明、蔡萌，2015），进一步缩小收入差距的挑战仍然很多。对于近期我国基尼系数的下降，各界有不同的判读。国家统计局认为，基尼系数的下降是“趋势性”的，2016 年基尼系数虽然有所提高，但并没有改变总体下降的趋势。杨天宇、曹志楠（2016）认为，截至 2015 年，工资性收入均等化是基尼系数下降的主要原因。但是岳希明、李实（2013）认为，还不能认定基尼系数的下降是趋势性的，因为导致收入差距缩小的一些因素或者不具有长期持续性，或者其影响作用还不足以大到抵消导致收入差距扩大因素的作用。杨耀武、杨澄宇（2015）发现，2008 ~ 2013 年居民收入基尼系数的 5 次连续下降中，只有 3 次是统计显著的，以此推断中国居民收入基尼系数已进入下行通道可能还为时过早。

还有学者对各种领域差距对居民收入差距的贡献度和解释程度进行了计算。陈宗胜、周云波指出，中国居民在 1988 ~ 1999 年的总收入差别中，由城乡差别解释的部分平均为 57%；由农村内部差别解释的部分平均为 32%，由城镇内部差别解释的部分平均不足 11%。他们还用同样的方法研究了全国居民收入差别变动的原因，结果表明，城乡收入差别的变动对全国居民收入差别变动的影响最大，其贡献率在 15.38% ~245.52%，农村居民和城镇居民内部收入差别的贡献率分别在 -148% ~2% 和 -1% ~32%。另有学者利用抽样调查的资料，以泰尔指数和 MLD 指数计算了 1988 年和 1995 年总收入差别中城乡差别的贡献额，其中，以泰尔指数计算的贡献率为 35% 左右，以 MLD 指数计算的贡献率约为 39%。罗楚亮计算出 1988 年、1995 年及 2002 年的城乡居民收入差距对全国总体收入差距的解释程度分别为 33.48%、37.41% 与 40.2%。

二、城乡居民收入差距成因

李实等（1999）和李实（1999）的实证研究发现，农村劳动力如果向外流动有助于提高农村居民收入，这是因为外出劳动力打工收入不仅部分被汇回了老家，而且农村劳动力外出打工减少了农村剩余劳动力，这会相对地提高其他农村劳动力的生产率。蔡昉（2003）和蔡昉等（2003）详细地描述了中国城乡居民收入差距的现状，并从政治经济学和发展战略的角度研究了中华人民共和国成立以来城乡居民收入差距变动的原因。陆定（Ding Lu，2002）使用城乡居民人均消费比来度量城乡收入差距，他发现部门间劳动力流动所获得的潜在收益越大，城乡居民消费差距越大，这意味着限制劳动力在城乡之间流动无助于缩小城乡居民收入差距。

魏尚京等（Wei Shang - Jin et al.，2001）利用中国 100 个左右的城市数据考察了城乡居民收入差距的影响因素，他们认为经济开放并不像人们感受到的那样会拉大城乡居民收入差距，数据显示，经济开放可能有利于缩小城乡居民收入差距。翟芳等（Zhai Fang et al.，2002）研究了中国加入 WTO 之后对居民收入分配的影响。随着中国加入 WTO，人均可耕地的不足削弱了中国农业的竞争优势，采取农产品贸易保护又有非常高的社会成本，而自由主义的农产品贸易政策导致中国农村居民收入水平降低，这在很大程度上拉大中国城乡居民的收入差距。

章奇等（2003）利用 1978 ~1998 年省级面板数据，从金融发展角度研究了城乡居民收入差距的影响因素，他们发现金融发展（以信贷规模与 GDP

之比为指标）是导致城乡居民收入差距扩大的显著因素。姚耀军（2005）选用 VAR 模型并进行协整分析，之后利用格兰杰（Granger）因果检验法，对中国 1978 ~2002 年金融发展与城乡居民收入差距的关系进行了实证研究。实证结果表明，金融发展确实与城乡居民收入差距存在着一种长期的均衡关系；金融发展规模与城乡居民收入差距呈正相关关系，且两者具有双向的格兰杰（Granger）因果关系；金融发展的效率与城乡居民收入差距呈负相关关系且两者也具有双向的格兰杰（Granger）因果关系。张立军等（2006）通过实证检验证明：金融发展通过金融发展的门槛效应、金融发展的降低贫困效应以及金融发展的非均衡效应三条途径来影响城乡居民收入差距。不同的是，在陆铭等（2004）的研究中，他们发现“在控制了其他因素以后，金融发展的相关指标对城乡收入差距的影响仍然不显著”。

郭剑雄（2005）运用其理论解释了中国城乡居民收入差距，他认为中国城乡居民收入差距的最终消除从根本上来讲，取决于城乡之间人力资本存量水平、生育率水平及资本存量积累率的趋同。在其他因素的影响被消除时，生育率和人力资本的趋同，最终将导致城乡居民人均收入的‘绝对收敛’；假如城市偏向的发展战略、城乡分割的二元体制等继续维持，随着农村部门生育率的下降和农村人力资本水平的提高，也可能够导致一种‘条件收敛’结果的出现。

三、城乡资源单向转移文献评述

陈锡文（1993）指出，当前中国城乡差距过大有深刻的历史原因，与 60 年来中国在农村、农业、农民上实施的系列“剪刀差”政策密切相关。一是农产品价格扭曲。1953 年 10 月 16 日，中央通过“中共中央关于粮食的计划收购与计划供应的决议”，接着政务院发布了相关命令和执行办法。通过强制性命令，国家用低于粮食实际价值的价格收购和售出粮食，而农民购买的工业产品的价格则高于其实际价值，这就形成农产品价格扭曲。此外，国家还对生猪、烤烟、鸡蛋、桑丝和水产品等 132 种产品实行派购，对这些产品农民不能自由买卖，价格也由国家统一规定。这些措施直接影响到农村居民收入增长速度，加剧了中国农村的贫困，强化了城乡二元结构，拉大了城乡差距。中国很多学者对农产品价格扭曲做过统计测算：1950～1978 年，国家从通过农产品“剪刀差”从农业取得了 5100 亿元收入，相当于现在的 49 万亿元人民币；1979～1994 年，国家通过农产品“剪刀差”从农业提取了 15000 亿元收入，平均每年 937.5 亿元；20 世纪 90 年代以来，国家每年通过农产品价格扭曲从农业得到的收入绝对额都超过 1000 亿元；价格扭曲占农民总负担的比重一般在 40% 左右。

二是土地价格扭曲。土地价格扭曲是指国家通过行政强制手段对农民土地权益的剥夺，农民被征收的土地不按照市场化原则进行充分补偿。在中国城市化和工业化取得巨大成就时，城镇居民从中获得了生活条件的改善和个人财富的增加，但大量农民并没有从城市化推进过程中获益，更甚者许多农村和农民是城市化进程中的牺牲者。陈锡文估算，1978～2001 年中国城市化建设明显加快，国家通过土地价格价格扭曲的形式，为城市建设积累了至少 2 万亿元的资金。孔祥智、何安华对中国东中西部 9 个城市的农户进行调研，发现失地农民愿意接受的土地补偿额是土地实际征用价格的 5 倍左右。如果以此判断，按地方政府 1992～1995 年给予失地农民的 91.7 亿元补偿费推算，农民在此期间仅在征收土地一项就为国家工业化做出了 366.8 亿元的贡献。

三是农村金融存贷价格扭曲。随着中国金融服务业的快速发展，中国农村储蓄在资金融通和支持工业发展方面做出了重要贡献，可是农民自身并未享受到充分的资本收益，这就是农村金融存贷价格扭曲。有人形象地将金融存贷价格扭曲比喻为新的“抽水机”，长期以来，金融存贷价格扭曲让农村经济“失血”严重。据 2008 年国家统计局资料显示，近年来中国农民的存款中自己能用的只占 46%，而 54% 流到城市。2008 年底，农村居民储蓄存款余额是 5.25 万亿元，而金融机构向农业和乡镇企业贷款为 2.5 万亿元。占全国 70% 的农民仅用了全国 6% 的贷款，所有这些，在客观上拉大了城乡差距。

四是农民工工资价格扭曲。2000 年以来，中国建筑、出口加工、服务等劳动密集型产业快速发展，随之出现了大规模农村劳动力外出务工的现象。尤其是年轻一代的农村居民大多外出务工，家庭收入主要来源于打工收入。可是农民工在就业岗位、工资水平等方面与城镇职工相比有较大差异，所享受的福利差异更大，这就产生了同工不同酬的价格扭曲。李艳玲（2008）等的计算结果显示，2001～2005 年中国城镇职工以平均每年 14.1% 的速度在快速增长，而同期农民工年平均增长率仅为 6.3%。万向东等的测算表明，2000 年以后中国农民工工资与城镇在岗职工工资的差距明显增大，城镇在岗职工工资迅速提高，而农民工工资的增长基本停滞，到 2008 年，两者工资差距已达两倍多。

四、国内经济政策与收入差距研究

一是税收对居民收入分配差距的影响研究。郝如玉（2004）认为个人所得税在调控我国居民收入功能上存在局限性，指出税收不是调节居民收入分配差距的万能之匙。张文春（2005）分析了许多发展中国家利用个人所得税调节居民收入再分配的情况，研究发现发展中国家的个人所得税对于改善居民收入分配不公作用不明显；而个人所得税调节我国居民收入分配的效果也不明显，应该加大对高收入群体的税收力度和对低收入群体财政转移支付和其他政策措施。王亚芬等（2007）通过计算我国城镇居民税后收入、税前收入和税收收入的基尼系数以及各个收入阶层的平均税率，建立了计量经济模型，多角度分析了我国个人所得税对城镇居民收入分配差距的调节作用。周亚等（2006）、张世伟等（2008）也通过模型分析，认为税收能促进居民收入分配趋向公平。

二是财政支出对居民收入分配差距影响的研究。寇铁军等（2002）采用了计量经济学中一元线性回归模型，分析了基尼系数与财政福利支出，认为上述财政支出对减少居民收入分配差距有积极作用。胡日东等（2002）对我国 1983～1999 年的政府转移支付、城镇居民基尼系数和居民消费率进行了研究，结果表明政府转移支付能减少城镇基尼系数，更进一步有利于促进居民消费。王德文等（2005）利用我国 14 个城市的调查资料证明转移支付能减缓城市贫困并有显著的调节居民收入差距的作用。孙文祥等（2004）的实证结果则表明：地方政府财政支出能显著促进经济增长，而中央政府财政支出可以明显改善社会公平的程度；不同的政府财政支出项目对社会公平和经济增长的贡献显著不同，可是大多数政府支出项目很难同时顾及这两个目标；一般来讲只有科学、文教、卫生事业费的支出不但能推动经济增长，而且可以促进社会公平。林伯强（2005）利用省级数据建立了一个联立方程组模型，对我国各类农村公共支出在地区不均等和贫困减少方面的效应进行了估计。

还有一些文献认为财政支出（主要是转移支付）加剧了居民收入分配差距扩大。黄祖辉等（2003）运用 GE 区域分解方法，比较了各省级行政区不包含转移性收入和包含转移性收入条件下的两组居民收入差距的差异，以便于分析转移性收入对各区域居民收入不平等的影响；运用 GE 收入来源法，比较了转移性收入和其他分项收入对总区域收入不平等的贡献率，分析转移性收入对居民收入不平等的影响。研究结果显示：现阶段我国的转移性收入并没有缩小居民收入差距，而是加剧了居民收入的不平等，特别是加剧了城乡居民之间的收入不平等。王小鲁等（2005）研究了我国 1996 ~ 2002 年 30 个省、自治区、直辖市的年度数据，实证表明：当前的医疗保险和基本养老给中高收入居民带来的好处要大于给低收入居民带来的好处，这拉大了收入差距。

三是调节收入分配差距的宏观经济政策研究。石坚（2002）在对我国个人居民收入分配格局仔细分析后认为，应强化税收对收入分配的调节作用：构建完整的个人收入分配税收调节体系；个人所得税计税模式应从单项分项计征所得税改为综合计征模式；改革社会保障金征收办法，由缴纳社保基金改为征收社会保障税；健全个人收入监控体系；健全居民财产税制，加大对存量财产的调节。刘明（2007）认为，税收调控居民收入分配的研究问题，首先要考虑如何优化我国的税制结构。而完善现行税制应考虑下面内容：开征社会保障税、赠予税、遗产税；尽快研究出台一些措施激励高收入者向各种慈善、公益事业提供援助的各种税收减免政策，这可以间接增加低收入阶层居民的收入；个人所得税制的征收应该采用综合所得课税为主而分类所得课税为辅的混合所得税制。

寇铁军等（2005）认为，要缩小居民收入分配差距，应对转移支付制度进行如下的改革：完善转移支付在过渡期的计算方法，各地区标准收入与标准支出之间的差额由中央政府全额补助，使各地区政府基本公共服务能力相一致。陈卫东（2008）指出，在运用转移支付政策时，首先要确定中央政府和地方政府在转移支付方面的责权划分，以此来安排相应的财权并制定出相应的激励机制。

孙祖芳（2008）提出，逐步建立覆盖城乡居民的社会保障体系：建立农村居民的社会养老保险制度；建立覆盖城乡居民的失业保险与就业联动机制，完善失业保险制度；扩大城乡居民的基本医疗覆盖范围，建立城乡居民医疗救助制度，将城市居民农村特困户供养对象、最低生活保障对象纳入救助范围；解决进城务工人员和被征地农民的社会保障问题等。

| 第三章 |

收入分配的一般理论基础

第一节　基本概念界定

一、财产、收入

（一）财产

财产是一种存量的概念，它是人们（一个家庭或个体）在一定时点上所拥有的全部资产总和，具体包括：现金、股权、保险金、房产、土地、投资品和劳动者本人的人力资本。在作居民收入分配的统计时将其划分为：房产净值、土地价值、金融资产、生产性固定资产、耐用消费品、其他资产的估计现值以及非住房负债等。

（二）收入

收入指人们（一个家庭或个体）在一定时期内（通常为一年）的全部进账，通常是一个流量的概念。从统计内容上其可以划分为：工资性收入、财产性收入、补贴性收入和转移性收入；从宏观经济调控内容上其可以区别为货币性收入和财产性收入、显性收入和隐性收入、合理性收入和非合理性收入、合法性收入和非法性收入等不同范畴；从宏观经济调控对象上，其可以划分为高、中和低三种收入。

（三）收入和财产的关系

收入和财产之间存在互动关系，居民收入增加时，用于消费外的部分可以以多种形式就可以转化为财产；而当居民财产增多时，财产又可以转化为收入。例如银行存款所获得的利息，出租房子所获得的租金，购买股票所分得的红利，都是财产性收入。在处理居民收入和财产之间的互动关系时，应在财产差距适度和收入差距适度之间应该形成一种良性循环的关系，防止在居民收入差距过大和财产差距过大之间形成一种恶性循环的关系。

二、警戒线

警戒线。国际上衡量居民收入差距是否合理的一般标准为：基尼系数在 0.2 以下表示绝对平均；基尼系数在 0.2 ~0.3 表示比较平均；基尼系数在 0.3 ~0.4 表示较为合理；基尼系数在 0.4 ~0.5 表示差距较大；基尼系数在 0.5 以上为差距悬殊。国际上公认 0.4 为警戒线，这一结论已经被学术界所接受。

三、贫富差距、两极分化

（一）贫富差距

从人类社会的发展史看，人们对社会财富的占有都可能是不均等的，即人们对商品的使用价值和金融资产在占有的程度上是有区别的，所以只要存在市场经济，一定范围内的社会财富的贫富差距就不可避免，在合理的范围内有利于激励市场中的主体，从而提高经济效率。

（二）两极分化

两极分化已经不是一般的社会财富的贫富差距，而是社会成员间财富贫富差距扩大到一定程度后才出现的一种社会经济现象，虽然它也代表了一种贫富分化状况，但是这种贫富分化已经发展到了极端，它对经济发展和社会稳定都会产生重大的影响。

（三）贫富差距和两极分化的关系

两极分化不仅是一种静态意义上的贫富差距扩大，它所表现的主要还是贫富差距不断扩大的一种趋势，即“富者越富、穷者越穷”。这种状况表现在某段时期内，富有者的绝对（实际）收入不断提高，而贫穷者的绝对（实际）收入不断下降；或者相对于富有者财富增长的速度或相对于社会财富增长的速度来说，贫穷者在社会总价值中分得的量越来越少。

四、“U”形规律和倒“U”形规律

（一）库兹涅茨倒“U”形假说

库兹涅茨（Kuznets）在《经济增长与收入不平等》的论文中研究了人均财富的差异（即公平或平等）与人均财富的增长（即效率或发展）的关系。他从发展经济学的角度指出：在居民收入分配相对均等的农业社会向工业社会过渡的过程中，在经济增长早期阶段，劳动力快速地从收入较低的农业部门向收入较高的工业部门流动，造成居民收入不平等迅速加剧，一个时期后这种不平等变得相对稳定，在整个过渡过程的后期阶段不平等会因工业化的完成而趋向缩小。如果用人均财富（人均 GDP）作为横坐标，用人均财富差异（基尼系数）为纵坐标，上述理论的几何描述就是效率（发展）与公平（收入分配）之间关系呈现倒“U”形曲线规律（如图 3－1 所示）。

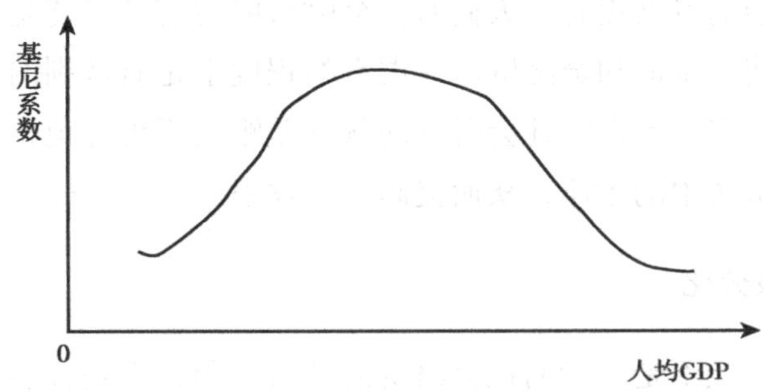

图 3－1　库兹涅茨倒“U”形曲线

（二）初次分配中劳动份额呈现“U”形规律

李稻葵等（2009）在对省际数据、跨国数据和微观数据的分析中得到下述基本结论：我国经济初次分配中的劳动份额低于许多发达市场经济国家；如果以 log 人均 GDP 为横轴，而劳动份额占比为纵轴，初次分配中的劳动份额则呈现“U”形规律；在中国经济各省的比较中，初次分配中劳动份额与各省人均 GDP 呈负相关关系；微观工业企业的劳动份额近年来不断下降，其中，非国有企业劳动份额还要比国有企业略高。

（三）“U”形规律和倒“U”形规律的关系

许多学者认为，经济发展的过程中，在居民初次分配中劳动份额变化呈现“U”形规律，即在经济发展的早期阶段，劳动份额不断下降，但是在经济发展的后期阶段，劳动份额则不断提高，他们认为这可以为库兹涅茨关于个体收入差异的倒“U”形曲线假说理论提供更深层次的解释。

五、公平、平等和效率与社会公正

（一）公平

公平至少包括三层含义：在政治生活中要强调法律面前人人平等以及公民权利平等；在经济活动中注重效率，强调竞争中的机会均等，市场主体运用社会稀缺资源的权利平等、工资平等、竞争过程平等以及获取收入的机会均等；在伦理层面要强调人格平等、强调人的生存权利和发展权利的平等，另外在机会均等的基础上，还要加入一定的收入平等的标准，例如“最大收入差距”“最低收入标准”等作为社会公平的尺度①。公平可以从不同角度来理解，第一种角度将公平分为经济公平、收入公平和社会公平，这是依据公平的内容或者实质来划分的；第二种角度依据公平的实现阶段来进行划分，将公平分为起点公平、过程公平和结果公平。

---

① 樊纲，张泓骏，《平等、效率、稳定与增长相互关系的理论分析》，载《收入分配与公共政策》，上海远东出版社 2005 年版，第 42 – 43 页。

（二）平等

在汉语中平等是指："人们在经济、政治、社会、法律等方面待遇相等；泛指地位相等"。在阿瑟·奥肯（Arthur M. Okun）的名著《平等与效率》一书中，"平等"所使用的词是"Equality"，意思指"the state of being equal"，翻译成中文是相等的状态，而"Equal"指是"the same in size，number，degree，amount，value，etc"，翻译成中文是大小、数量、程度、数目、价值等方面相等、一致。所以平等意味着"一致、相等、无差别"，而有没有差别、相不相等，这些可以进行实证检验的，它客观存在，并不涉及价值判断。

（三）效率

西方经济学中对效率最先进行分析的是亚当·斯密（Adam Smith），还有 19 世纪 70 年代中期的门格尔（Menger）、杰文斯（Jevons）和瓦尔拉斯（Vallas）等经济学大家先后提出的效率标准。庇古（Pigou）比较全面地提出了效率标准，他认为资源最优配置的标准是边际社会纯产值等于边际私人纯产值。之后萨缪尔森（Samuelson）和帕累托（Pareto）等人也相继对效率标准做出了论述。萨缪尔森认为，在生产技术既定条件下，经济再也不能以现有的可使用的资源使得社会成员获得更多的福利时，可以认为经济实现了效率。这意味着效率涉及通过资源的最优配置来实现社会成员经济福利最大化。而西方经济学中运用最广的效率标准是意大利经济学家帕累托提出帕累托效率。经济效率指任何形式的资源重新配置，都不可能使至少有一人受益而同时又不使其他任何人受到损害，这个资源配置状态是最优的，也是有效率的。概括来讲，效率是一种投入产出关系的概念，特指为促进个人财富和社会财富积累，用最小投入得到最大产出的收益状态。

（四）公平、平等和效率的关系

公平与平等的概念有区别。居民收入分配是否平等是对一个可以客观地度量的事实性状态的客观判断，它可以利用现代经济学、数学、统计学等方法来检验，而居民收入分配的状态或者说结果是否被认为是公平在很大程度上是一个主观的、依赖于判断主体自身观念的价值判断问题。公平与效率之间并不是简单的对立关系，它们也有着相互的促进作用。这两者的关系表现为：经济效率是实现结果公平的基础和前提；社会公平有助于促进经济效率的提升；要分析社会公平对经济效率是具有促进作用还是阻碍作用，关键在于对社会公平程度的把握。

（五）社会公正

在判断居民收入差距是否合理时，这里接受罗尔斯《正义论》中的观点以及其他重要学者的意见，把公正看作在一定法制环境下对平等、公平和效率的兼顾。公正性的制度特点应符合如下要求：在私人领域建立竞争性的按要素市场价格分配的机制来保障经济活力；在公共领域确立竞争的合理秩序并通过国民收入再分配渠道来确立国民利益的基本平等；在这两个领域均通过民主、公开的原则确立利益冲突的调节政策。在实施过程中应体现为经济效率、社会平等、社会稳定三方面的兼顾，在解决收入分配差距过大时应明确提出“公平优先、兼顾效率”的原则。

第二节　不同学派的收入分配理论

一、微观层面的收入分配理论

（一）古典经济学的收入分配理论

最早开始研究收入分配问题的经济学派是古典经济学派，它源于大卫·体谟（David Timo），由亚当·斯密奠定了基础，由大卫·李嘉图（David Ricardo）、约翰·穆勒（John Mill）等完善。古典经济学派的收入分配理论主要采用价值分析方法，研究伴随着人口增长、资本积累和经济增长，工人、地主和资本家等各阶级收入份额的决定和变化规律，代表人物有威廉·配第（William Petty）、亚当·斯密、大卫·李嘉图等著名经济学家，其中，李嘉图的学说影响较大。

威廉·配第第一次把劳动和价值联系起来考虑，他提出以劳动价值论为基础来探讨资本主义的分配关系。他的分配理论主要是以工资理论为前提、以地租理论为中心展开，考察了工资、利息、地租和土地价格之间形成的分配关系。对于工资理论，配第把工资当作维持工人生活所必需的生活资料的价值的部分，这奠定了古典经济学中工资理论的基本观点，而最低工资理论后来也成为古典经济学派分配论的基础之一；对于利息，配第认为利息理论是研究怎样通过货币的运用来增加财富，他认为利息是合法的、正当的收入；对于地租理论，配第认为地租是收获量（即土地总产品）减去种子（全部生产资料）和劳动者的生活资料之后的剩余产品，也就是农业总产品价值中扣除掉生产费用后的余额，他还提出了级差地租的概念。

坎蒂隆（Cantillon）① 接受了配第关于工资等于最低生活资料价值的观点，并做了具体的说明，他指出一个最不熟练的普通劳动者的劳动价值，至少应等于地主用于给他提供食物和生活必需品的土地数量，再加上把一个孩子抚养成人的土地数量的两倍。手工业者的劳动收入在价值上是由土地产品的数量决定的，即等于他们所消费的土地数量的两倍。他还考察了工资的不同形式，认为从事手工业的帮工一天所能完成的工作量，业主大体上是心中有数的，并按这种工作量支付报酬。

亚当·斯密对国民经济系统进行全面分析，创建了一个相对完整的、自由主义的市场经济理论体系，从而奠定了古典经济学的理论基础。斯密继承并发展了配第的劳动价值理论和社会分工理论，提出了以价值论为基础的收入分配思想，也就是三个基本阶级与三种基本收入的思想。三个阶级分别工人、资本家和地主，而三种基本收入就是每一个阶级的对应的工资、利润和地租，而利息、租金等都被看作是这三种基本收入的派生收入。

大卫·李嘉图是古典经济学派的另一位杰出代表人物，他主张实行经济上自由主义的政策，分配理论在其经济理论体系中占有非常重要的地位。他认为“确立支配这种分配的法则，乃是政治经济学的主要问题”②，因为收入怎样分配关系到利润和资本的积累，影响着社会生产力的发展以及国民财富的增长。李嘉图继承了斯密三个阶级和三种收入的分配理论，同时克服了

① 坎蒂隆：《商业性质概论》，余永定译，商务印书馆 1997 年版，第 17－18 页。

② ［英］大卫·李嘉图：《政治经济学及赋税原理》，郭大力、王亚南等译，商务印书馆 1976 年版，第 73 页。

斯密对三种收入的双重见解。

萨伊（Say）[①] 以他的价值论和生产三要素理论为基础，建立了相应的分配理论。在他看来，生产的三要素，即劳动、资本和土地在生产中共同创造了效用，它们的所有者相应的得到报酬工资、利息和地租。马克思称之为“三位一体”公式。萨伊的“三位一体”公式把资本主义生产关系说成是物与物的关系：劳动产生工资；资本产生利息；土地产生地租。他认为社会各阶级是相互独立的，生产三要素和相应地深入是永恒存在的。

西尼尔（Sinair）[②] 在分配问题上继承了三个阶级三种收入的惯常提法，又加入了带有主观色彩的“牺牲”“节欲”的说法。他认为社会上三个阶级劳动者、资本家和自然要素的所有者相应获得各种收入。劳动者使用体力和智力进行生产，付出了对于自己“安乐”“自由”的牺牲，这种牺牲的报酬就是工资；资本家节制自己的欲望进行生产，作出对于近期“享受”的牺牲，这种牺牲的报酬就是利润；自然要素的所有者通过协助生产的商品，能获得商品出售价格与生产成本之间的差值，这个差值就是地租。

巴师夏（Ba Shixia）[③] 承认社会中存在一些祸害，这些祸害破坏了社会的和谐，这些祸害包括垄断特权、战争动乱、奴役贫穷等。但他认为这些祸害的存在是由于人们对自由交换原则缺乏认识和没有正确选择的结果。根据他的观点，资本主义不像李嘉图和马尔萨斯描述的那样悲观，更不像空想社会主义者描述的那样邪恶。在他看来，资本主义建立在自由交换基础上的制度是一个和谐的制度，是一种“人人为我、我为人人”的美好社会。

约翰·穆勒（John Mill）[④] 很重视收入分配问题，他认为分配在不同国家、不同历史时期可以有很大的不同，分配制度是能人为改变的，所以他对所有制进行了大量的论证。他指出，“我们在这里考察的，不是财富据以分配的法则产生的原因，而是这种法则造成的结果”。他对空想社会主义主张

① 萨伊：《政治经济学概论》，晏智杰，赵康英译，华夏出版社 2014 年版，第 535 页。

② 西尼尔：《政治经济学大纲》，蔡受百译，商务印书馆 1991 年版，第 155 页。

③ 巴师夏：《和谐经济论》，唐宗义译，商务印书馆 2011 年版，第 136 页。

④ 约翰·穆勒：《政治经济学原理（下卷）》，胡启林译，商务印书馆 1991 年版，第 93 页。

的公有制给与较大的宽容和理解，同时，他也不认为现存的私有制已很完善了，主张对私有制进行改良，特别反对所有权的滥用。

（二）新古典经济学的收入分配理论

19 世纪 70 年代，从“边际革命”开始形成了新古典经济学，它在继承古典经济学自由主义的同时，用边际效用价值论替代了古典经济学派的劳动价值论；而以需求为核心的分析框架替代了古典经济学以供给为核心的分析框架。在这一经济学派中对收入分配理论进行研究的代表人物主要有克拉克（Clarke）、马歇尔（Marshall）等经济学家。

菲利普·威克斯蒂德（Philip Wickestead）[①] 被称作是边际效用学派的积极倡导者之一，也被称作是边际主义分配理论的发现者之一，他主要强调价值规律与分配规律的协调。在研究分配规律时，通常的做法是分别提出某一类生产要素（例如土地、劳动、资本），研究该要素在生产中协调动作的特殊条件，作用于支配该要素的人的特殊因素，以及该要素所提供的特殊的性质，从所有这些考虑中归纳出调解分配给该要素的产品份额的规律。

边际效用学派在美国的代表人物克拉克[②]继承并发展了西欧流行的边际效用价值论，吸收了资本生产力论、生产三要素论和报酬递减论等理论内容，用边际生产力理论来解释收入分配问题。他用各生产要素边际生产力论来解释各生产要素分配的大小，建立了以边际效用为基础、以分配为中心的经济理论体系；将经济学划分为动态经济学和静态经济学，并分别研究了这两种经济状态下的社会财富生产和分配问题。

马歇尔[③]利用他的均衡价格论提出了收入分配论。他认为分配份额的大小主要决定于各生产要素的均衡价格，而各生产要素在国民收入中所占份额的大小取决于它们各自的均衡价格。他细分了劳动、资本、土地和企业组织四种生产要素，并认为生产价格的均衡价格构成了各自的收入，即对应的劳动工资、资本利息、地租和利润；用供求关系分析了各生产要素的均衡价格，并认为生产要素的均衡价格其实是由它们的供求关系所决定的。

---

① 菲利普·威克斯蒂德：《政治经济学常识》，李文溥译，复旦大学出版社 2016 年版。

② 克拉克：《财富的分配》，陈福生译，商务印书馆 1981 年版。

③ 马歇尔：《经济学原理》，文思译，中国华侨出版社 2013 年版。

维克赛尔（Wicksell）[①] 认为在资本主义制度下，自由竞争通常被人们视为是一个实现最大化生产的充分条件。但是这个最大化却总和劳动要素在分配中份额的减少相结合。劳动者在收入分配中的恶化一方面是劳动要素没有合比例地增加而带来了边际生产力的减少；另一方面由于机器的广泛使用和技术的进步把一部分劳动者从工厂中排挤出去，从而使失业者的状况更加恶化，但资本家的利润却随着劳动者收入份额的减少而增加。

当然新古典经济学家们在讨论了微观层面的收入分配理论的同时还开启了宏观收入分配研究的先河。他们初步建立了宏观经济层面的收入分配理论研究体系，分析了功能性收入分配中要素收入分配份额的决定问题和变化关系，考虑了技术因素，运用生产函数与替代弹性来阐述生产与分配之间的关系。主要代表人物是索洛（Solow）和罗默（Romer），他们采用了柯布—道格拉斯生产函数，不同的是索洛模型将技术看作外生的，而罗默等人将技术进步视为内生因素，并强调了知识、技术、创意等在生产中发挥的作用。

二、宏观层面的收入分配理论

（一）凯恩斯的收入分配理论

20 世纪 30 年代的资本主义经济大危机，使经济学家们对以“萨伊定理”为假设的古典经济学的自动均衡理论产生了根本的怀疑。凯恩斯根据当时的时代背景在《就业、利息和货币通论》一书中提出了有效需求原理。他认为在一般情况下，资本主义经济不会自动达到充分就业的均衡，一般会出现总需求小于总供给的情况。同时，他认为在实现充分就业均衡这一点以前，资本的增长受制于较低的消费倾向。通常来看，富人的边际消费倾向是低于穷人的，在这种情况下如果能采取步骤，重新分配收入，就可以提高消费倾向，而这对资本的增长也是有利无弊的[②]，在很大程度上可以缓解因总需求不足而带来的失业问题。

① 姚开建：《经济学说史（第三版）》，中国人民大学出版社 2016 年版。

② 凯恩斯：《就业、利息和货币通论》，徐毓楠译，商务印书馆 1999 年版，第 317－318 页。

（二）新剑桥学派的收入配理论

琼·罗宾逊（Joan Robinson）（又被称为罗宾逊夫人）是新剑桥学派在收入分配方面的代表人物。她批判了边际效用学派的主观价值论，主张应该将收入分配论恢复到古典经济学的传统，也就是把劳动价值论作为出发点进行研究。罗宾逊夫人认为，斯拉法的《用商品生产商品》一书为新剑桥学派的收入分配理论提供了一个有用的价值论基础，斯拉法本人在此书中指出：国民收入在工资和利润之间的分配，对商品价值本身的变化不会产生影响；在国民收入的分配中，工资和利润之间存在对立关系，收入分配结构的形成与历史上的财产占有制度有关，也与形成劳动市场的历史条件有关，所以在研究收入分配问题时应予综合考虑。

（三）福利经济学的收入分配理论

庇古作为英国著名的经济学家，在忠实地传播马歇尔的学说之外，发挥了马歇尔曾经提出的经济学要解救贫困、增进福利的论点，建立了完整的福利经济学的理论体系。他认为结合边际效用学派的基数论、边际效用递减规律和局部均衡等分析方法能够对经济福利进行计量，并且提出国民收入量越大国民收入分配越均等化，从而社会经济福利也就愈大的命题。要增加经济福利，在生产方面就要增大国民收入的总量；在分配方面就要消除国民收入分配的不均等。实现收入均等化，就是国家通过累进所得税向富人征税，征来的税款用来举办社会福利设施，这可以让低收入者享用，通过这一途径实现把富人的一部分钱转移给穷人，最终实现社会经济福利最大化。而以罗宾斯（Robbins）、希克斯（Hicks）、卡尔多（Kaldo）、柏格森（Bergson）和萨缪尔森为代表的新福利经济学则反对将高收入阶层的货币收入转移一部分给穷人的政策主张，他们将帕累托最优原理引入了福利经济学，提出了福利经济学中的补偿原则和社会福利函数。

（四）新制度经济学的收入分配理论

20世纪80年代以来，逐渐兴起了新制度经济学，为经济理论的创新和发展注入了新的活力。制度分析早期由马克思（Marx）、康芒斯（Commans）、凡勃伦（Veblen）等人做了开创性的研究，但他们并没有将制度分析与收入分配联系起来。后来的新制度经济学家科斯（Coase）、诺斯（North）等人对制度分析做了更一般的研究和分析。他们从制度分析的角度认为：有效率的组织制度，包括合理、有效的收入分配制度都是经济增长的关键因素；在经济增长过程中必须重视制度的作用，特别是合理而有效的收入分配制度在现代经济中所起的激励作用不容忽视。

加尔不雷斯（Galbres）[①] 认为，“传统智慧”不仅无法解决而且加剧了“丰裕社会”中的各种失衡的现象，他提出对经济增长和社会福利重新进行评价，并说明只有采用其提出的新概念和新对策来取代“传统智慧”，才能使“丰裕社会”解脱各种枷锁而日臻完善。长期以来，人类处于贫困状态，但时至今日，许多国家，尤其美国进入了“丰裕社会”，并没出现日益不均等的现象，但出现了经济波动、通货膨胀、结构失调等问题，这些问题的解决不能依赖于旧有的经济增长和福利改善的观念。他认为，福利的改进不是生产水平的提高，而是减轻社会冲突和不均衡；不迫切需求的商品生产，已不值得忍受残酷的市场竞争机制和物竞天择的折磨。

三、基于经济发展的收入分配理论

（一）刘易斯的二元经济模型

1954 年，刘易斯在《劳动力无限供给条件下的经济发展》一文中首次提出了二元经济结构模型。他认为二元经济结构是大多数发展中国家的共同特征，在发展中国家中存在着两种生产部门：以农业为主的农村中的生产方式和以制造业为主的城市中的生产方式。随着经济的发展，农业存在着数量巨大的剩余劳动力，这部分剩余劳动力将会从农业中逐步转移到制造业中，最终将是二元经济结构消除。他的模型实际上是根据生产过程中的劳动和资本供求关系来分析按要素所得的收入分配关系。他认为，当劳动力相对比较富裕时，劳动力的价格比较低，而资本的收益相对较高；当资本积累不断增

---

① 加尔不雷斯：《丰裕社会》，徐世平译，上海人民出版社 1965 年版。

加，劳动力逐渐显得稀缺时，资本的收益将会逐渐减小，劳动力的收益将会相对增加。

（二）纳克斯的贫困恶性循环理论

纳克斯（Nakes）[①] 系统地考察了发展中国家的收入分配问题，探讨了贫困的根源和摆脱贫困的途径。他认为发展中国家贫困的根源在于人均收入的低下，由于人均收入过低，在供给和需求两个方面陷入了贫困恶性循环陷阱。供需两个方面的怪圈结合在一起，相互作用，很难打破。例如，即使有了投资引诱来消化储蓄，也可能缺乏储蓄用于投资；或者有了储蓄，却缺乏投资来消化储蓄，从而发展中国家长期处于经济停滞和贫困陷阱中。要打破恶性循环的唯一途径就是从外部大规模注入资本，也就是大规模促使资本形成。

（三）马克思的收入分配理论

马克思收入分配理论的核心是劳动价值论和剩余价值论。他剖析了资本主义社会的分配关系，认为资本主义的分配关系本质上就是资本家无偿占有工人劳动所创造的剩余价值的分配关系[②]。他构想了社会主义社会的分配关系：在高度发达的生产力的基础上建立纯粹的公有制体系；实行有计划的产品经济模式；在分配上不需要借助商品货币关系，分配原则是按劳分配[③]。

第三节　三次收入分配理论

一、第一次分配

第一次分配也称国民收入初次分配，指在产品和劳务的生产过程中，根

① 姚开建：《经济学说史（第三版）》，中国人民大学出版社 2016 年版。

② 中共中央编译局：《马克思恩格斯全集》第 46 卷上册，北京人民出版社 2003 年版，第 42－43 页。

③ 中共中央编译局：《马克思恩格斯选集》第三卷，北京人民出版社 2003 年版，第 304 页。

据各生产要素主体对产出做出贡献的大小给予的货币性补偿。在我国社会主义市场经济条件下，国民收入经过初次分配后形成政府收入、企业收入和劳动者个人收入三种收入。在国民收入的初次分配环节，注重效率的同时应该兼顾公平。实现效率的最大化是市场经济运行的内在要求，国民收入的初次分配，就是在市场机制的作用下实现经济效率最大化。在市场经济条件下，国民收入初次分配总量取决于生产要素配置效率的高低，而生产要素配置效率是在市场机制的作用下实现的。

市场机制的作用是通过影响市场主体的经济利益来实现，在市场机制的作用下，每个主体从事生产经营的目的是实现经济利益的最大化。这也就要求他们必须优化要素配置，充分发挥各种要素潜能，最大限度提高生产经营效率。这样才能不断增加国民收入总量，不断提高国民收入初次分配水平，进而提高国民收入再分配水平。但是国民收入初次分配注重效率，并不意味着不兼顾公平。在初次分配领域，政府应营造起点公平的社会环境，例如加快落后地区和部门以及广大农村的经济发展、规范市场秩序、普遍提高公民受教育的程度、消除政策的不公平待遇、建立平等竞争机制等。

二、第二次分配

第二次分配也称国民收入再分配。它指在初次分配的基础上，对初次分配后的国民收入进行再分配。再分配之后形成的收入，也被称为派生收入。国内外的学者普遍都认为，初次分配坚持效率优先原则必然造成财富和收入分配的不公平，这是由市场缺陷造成的。原因如下：首先，生产能力的大小决定了居民收入水平的高低。生产能力指挣钱的能力或拥有的财产，而生产分配的标准是依据生产能力来制定的。市场机制下居民报酬的取得是以生产能力和贡献为标准来分配的生产能力和贡献不同，居民收入就不同，收入报酬与贡献成正比。其次，居民私有财产的多少对收入水平存在重大影响。资本作为生产要素往往可以获得更多收入，同时财产越多居民收入也越多，而且还能进一步积累，造成富者愈富。最后，垄断会更进一步引起居民收入分配不平等。市场经济很难消除垄断，而垄断者通过操纵市场引发一部分人不能通过自由竞争取得公平竞争的机会。

市场机制存在收入分配不公平，因而需要政府的干预来调节居民收入分配差距。如果说初次分配中提出“效率优先，兼顾公平”，那么在国民收入再分配中应明确提出“公平优先，兼顾效率”。即使在很多发达国家也是通过政府对收入分配的调节来实现社会公平。社会公平主要是指分配的平等，也就是结果的公平。每个社会成员无论自身条件有多大差异，都应具有同等的生存和发展的权力，他所获收入的多少应该与劳动贡献的大小相一致，居民收入差距应维持在合理的范围内。当前我国正处于经济大转型期，各种非正常因素导致了居民收入差距非正常扩大。这就更要求在国民收入再分配领域，政府应采用各种经济手段来调节居民收入分配，例如征收个人所得税和遗产税调节高收入者收入、通过社会保障和转移支付来提高低收入者收入，还包括用法律手段取缔非法收入，实现居民社会公平收入分配目标。

三、第三次分配

关于第三次分配的解释，在已出版的经济学词典与教科书中都无法找到，只能从专家、学者们发表的文章或谈话中去查找。厉以宁教授认为，个人出于自愿，在习惯与道德的影响下把可支配收入的一部分或大部分捐赠出去就被称为第三次收入分配①。上海社会科学院部门经济研究所所长厉无畏则认为，社会第三次分配是从支出上考虑，在一些社会生活领域里如何让富人多出钱，穷人少出钱，也就是实行社会收入的转移支付，弥补财政转移支付的不足。中华慈善总会会长范宝俊认为，第三次分配是在自愿的基础上，通过发展慈善公益事业，让社会分配更趋公平，市场也获得可持续发展的条件。

第三次分配必须建立在自愿的基础上，个人在习惯与道德的影响下自己或通过有关的慈善机构，把可支配收入的一部分或大部分捐赠出去的行为，可以使社会分配更趋公平。在初次分配和再分配中，市场和政府分别发挥着重要作用，但在第三次分配中，就需要发挥社会自身的作用。第三次分配需要借助社会团体和社会组织，使已经分配到居民个人的社会资源重新进入配

---

① 陈叶军：《厉以宁：通过三次分配解决收入分配难题》，人民网，2010 年 6 月 23 日。

置流程。这也需要社会自身的发展，也就是各种社会团体、社会关系网络的发育和生长，以及慈善或志愿等活动、事业和机构的大力发展。

第四节　功能性收入分配和规模性收入分配

一、功能性收入分配

要素分配份额概括了国民收入在要素间的分配情况，也称功能性收入分配（functional distribution of national income），要素分配份额指国民收入中劳动收入和资本收入所占的比例。如果不考虑间接税，那么资本收入所占的份额包括工资、奖金、补贴等在内的所有劳动者报酬所占的份额之和为1。在卡尔多关于稳态经济增长典型事实中，有两个与要素分配份额有关：对单个经济而言，要素分配份额在长期内保持不变；对多个经济而言，资本收入份额越高的经济，投资率越高。许多宏观经济学家对第一个事实广泛认同，从而导致要素分配份额问题在20世纪70～80年代的研究中很少有人关注。20世纪90年代以来一些国家要素分配份额的变化引起了研究者的重新关注。下面介绍一些经典的涉及功能性收入分配的理论。

（一）传统的马克思主义分配理论

马克思的要素分配理论根源于劳动价值论，把价值的源泉归结为劳动，认为价值的创造与价值的分配是分开的。非劳动要素参与分配的唯一依据是非劳动要素的所有权，进而从所有制关系作为理论分析的起点，论证了各种要素分配关系产生的客观必然性，把分配看作所有权在经济上的实现；在处理功能性收入分配问题时，提出了利润率假设，引入生产价格来说明资本收入是如何决定的。

（二）新古典要素价值论

它以边际生产力论为基础，假定其他条件不变时，连续追加某种生产要素，在达到一定量后，每追加一单位生产要素所产生的总收益的增量（边际收益产品）将随着该生产要素投入的增加而递减，也就是边际收益递减规律。根据边际收益产品曲线和生产要素投入量可以确定该种生产要素所创造出的全部收益，也就是这个生产要素对总收益的贡献部分。在完全竞争的市场条件下，各生产要素对总收益的贡献也就等于各生产要素应得的报酬，从而劳动、资本、土地等要素报酬（工资、利息、地租等收入）决定于它们对总收益的实际贡献；各要素的贡献直接体现在其边际产量上，以要素的边际收益产品作为分配的尺度，而要素的边际收益产品概念本身也就意味着产品价值决定与功能性分配的分离。

（三）斯拉法价值论

一种科学的价值理论既要阐明产品的价值如何决定，又要揭示要素的价值如何决定，而这两者之间是相互联系的。一方面，产品价值是由要素价值构成的，不阐明要素价值的决定（功能性分配），产品价值就成为无源之水；另一方面，要素价值由产品价值派生，不揭示产品价值的形成，要素价值也无从谈起。因此，无论古典的劳动价值论还是新古典的边际生产力价值论，都由于割裂了产品价值的形成与要素价值的决定，而受到斯拉法的批评。斯拉法将价值决定与价值分配结合在一起，他沿用了古典学派的统一利润率假设，把工资看作外生给定，认为资本价值和利润率决定于同一过程。

二、规模性收入分配

规模性收入分配，也称为个人或家庭收入分配，主要运用统计规律，通过根据不同社会特征的个人或家庭社会平均收入偏移的状况，来分析个人或家庭的相对收入差异。它研究的角度是从收入所得者的规模和所得收入的规模关系入手，分析个人或家庭与其所得收入总额的关系；它侧重于研究居民家庭（个人）的收入分配问题，多用于研究收入不平等、收入差距等的问题。规模性收入分配以人们之间的收入差异作为研究对象，必然会涉及人与人之间进行比较的问题，这会产生如下两个方面的问题。

一方面，主流经济学分析框架以个体效用函数为基础，而不同个体效用函数之间并不具有可比性，也就不涉及人与人之间可比的问题，这就使得规模性收入分配理论同主流的经济学理论之间缺乏紧密联系，也就使得它在经济学的分析框架之内没有了坚实的理论支持。另一方面，规模性收入分配以人们的收入分布作为研究的对象，它概念明确，数据易得，可以分不同的来源、不同的群体和不同的收入差距的成因进行考察分析。20 世纪 60 年代以后，随着调查方法的发展、统计方法的完善和微观数据的健全，出现了大量的度量收入差距或不平等的方法，例如社会福利函数法、排序和占优、统计分布法、主观方法；在度量指标方面出现了标准差、极差、变异系数、阿鲁瓦尼亚指数、对数方差、库茨涅茨指数、基尼系数、泰尔指数和阿特金森指数等。

三、功能性收入分配和规模性收入分配的关系

长期以来，国内学者和社会各界关注的焦点，主要集中于居民收入分配，对要素收入分配问题的研究和讨论相对较少。2000 年后，国内学者发现中国要素收入分配发生了不利于劳动分配的变化，研究焦点才开始集中在劳动分配份额变化的问题上，如李稻葵等（2009）、罗长远等（2009）、白重恩等（2009）学者的研究。也许是因为劳动要素分配比资本要素分配更与民生问题相关，对资本分配份额的研究文献相对较少。① 研究要素收入分配问题的前提是要准确估算要素收入分配状况，这涉及测算方法的界定、基础数据的调整等问题，这一点为许多研究者所忽视。

科学准确估算要素收入分配，深入系统研究要素收入分配规律，有很大的理论和现实意义。它有助于深入研究国民收入部门分配格局的演变规律。国民收入部门分配格局指政府、企业、住户三大部门的收入在国民收入中的分配格局。20 世纪 90 年代中期以来，我国国民收入部门分配格局发生很大变动，住户部门分配比重迅速下降，而企业和政府部门分配比重上升较快。这引起了社会各界的广泛关注，“国强民不富”的议论经常出现。目前，我国住户部门收入主要来自劳动收入，要素收入分配格局的变化，必将对国民收入部门分配格局产生重大影响。这就需要准确测算要素收入分配，研究国

---

① 白重恩、钱震杰：《国民收入的要素分配：统计数据背后的故事》，载《经济研究》，2009 年第 3 期，第 27 – 41 页。

民收入部门分配格局变动的根源及解决途径。

功能性收入分配和规模性收入分配的关系很复杂。一方面，两者有很大的不同，功能性收入分配同生产过程相关，有理论方面的优势，有助于理解经济增长中的效率与公平；规模性收入分配考察人们的最终收入和收入差异，在度量方面有优势，可以客观地描述人们的收入状况和收入差距。另一方面，两者有紧密的联系，由于劳动报酬通常在低收入群体中占很大的比重，致使劳动占比的下降可能意味着低收入群体生活质量的下降和居民之间收入差距的扩大；尽管功能性收入分配更多的与“公平”有关，而规模性收入分配则与“平等”相联系，但在一个低收入群体在功能性收入分配领域缺乏机会、在规模性收入分配领域陷入困境的社会，人们不仅会质疑功能性收入分配的公正性，还会质疑规模性收入分配的合理性。

第五节　居民收入差距研究领域

一、居民内部收入差距

随着改革开放的深入，我国收入分配制度也发生了根本性的变化。计划经济体制下的“平均主义”被打破，市场经济体制下的激励机制和竞争机制不断建立起来；改革前传统的、单一的“按劳分配”的分配方式已经被“按资本、劳动、技术和管理等按贡献分配”的分配制度所取代。分配制度的变化也带来了改革开放后收入差距的不断扩大。从居民内部收入差距的研究领域来讲主要从如下方面分析。

（一）城镇内部的收入差距

在改革开放初期阶段，城镇内部还存在很强的平均主义的倾向，这主要是因为之前计划经济体制下平均主义的分配理念、大锅饭性质的分配体制和单一的按劳分配制度所具有的惯性作用的更进一步延续影响。在改革刚开始的几年（1978～1984年），衡量城镇居民收入差距的基尼系数有所降低，但之后不断攀升。

（二）农村内部的收入差距变动

根据一些国外学者的研究，由于中国农村地域差异太大，中国农村居民收入差距在各个改革时期都非常大。数据显示，在20世纪80年代前期除了个别年份农村居民收入差距略有所下降外，其余年份基本上都是在扩大；20世纪80年代中期以后，农村居民内部的收入差距持续上升。

（三）全国居民总体收入差距

在中国，一直由不同的统计部门对农村居民和城镇居民做调查，从而衡量居民收入差距时也分开进行，而且统计口径有所不一致，致使在一定程度上看不到居民的整体内部的差距。世界银行在对农村居民纯收入和城镇住户的实物性补贴指标作了调整后，重新估算的结果显示：中国收入差距的不均程度在亚洲都已处于前列，且在同一时期内，居民收入差距的扩大速度也是最快的。国内学者依据国家统计年鉴和一些民间调查数据做出了支持世界银行的估计结果。

二、城乡收入差距

由于存在巨大的城乡居民之间的收入差距，中国居民总体基尼系数明显大于单独的城镇内部的或农村内部的基尼系数。从历史上看，城乡居民收入差距由来已久，早在改革开放初期阶段，城乡居民收入差距就已经处于很高的水平。这就是说在计划经济体制下，中国城乡居民收入差距问题已经成为了很大的问题。改革开放后，虽然城乡居民收入都有很大的增长，但城镇居民的收入增长无论是从绝对量看还是从相对量看都明显快于农村居民。从各领域的居民收入差距综合看，城乡居民收入差距对中国的收入分配差距问题具有非常强的解释力，而且这种解释力随着时间的推移变得越来越强。

三、地区收入差距

解放以后，中国就被明显的地区收入差距问题所困扰，城乡居民中的贫困人口在地域分布上明显地向中西部集中。从根本上讲，地区收入差距除了历史的、客观的因素之外，宏观经济政策所导致的地区经济发展不平衡可能是决定性因素。根据联合国2005年的《人类发展报告》，中国地区内部的各项发展指标严重不平衡。例如上海的发展指标相当于世界排名第27位的国家的水平，可是落后的地区如贵州、甘肃等省份最多相当于世界排名第125位的纳米比亚的发展水平。而且各地区不论是从城镇居民的收入差距来看，还是从农村居民收入差距来看，其绝对收入差距都在不断扩大。

四、行业收入差距

自20世纪80年代末以来，中国的部门之间、行业之间的收入差距不断扩大，成为推动居民收入差距扩大的不可忽视的因素。各项统计数据显示：高工资行业不仅工资高，而且工资的增长率也高，高于全国的平均工资水平和增长速度；低工资行业不仅工资低，而且工资的增长率也低，低于全国的平均工资水平和增长速度。两者相结合，导致行业工资差别不断扩大。在关注行业工资扩大的同时，特别应关注的是垄断行业和竞争行业的工资差距问题。从行业的分类来看，平均工资靠前和靠后的行业都有非常明显的特征，垄断几乎成了高收入行业的代名词。2010年平均工资排在前10位的行业中，除软件开发、计算机服务、部分研发的技术行业外，其他行业例如银行、航空、证券、烟草等都带有不同程度的垄断性质；平均工资排在后10位的行业中则以农、林、牧、渔等传统行业和木材加工、纺织、餐饮、皮制加工主。

第六节　收入差距扩大造成社会不公正

一、收入分配差距过大造成居民消费水平不足

大多数研究者认为居民收入差距对消费有抑制作用。李军（2003）从理论上探讨了居民收入差距对消费需求影响的定量关系，并严格证明了居民收

入差距扩大降低消费需求水平的负向作用。娄峰等（2009）构建了半参数面板数据模型，用来实证分析中国城镇居民收入差距对消费的负向影响。杨京（2011）利用中国 1997 ~2006 年城镇家庭调查数据进行研究，结果表明，即使控制了家庭收入，居民收入差距对家庭教育支出（教育储蓄）仍然存在负向（正向）影响。奥格来等（Aguiar et al.，2011）通过研究发现，居民储蓄行为预示的消费不平等在很大程度上是由居民收入差距导致的。由于边际消费倾向递减规律，高收入者的边际消费倾向低于低收入者的边际消费倾向。改革开放以来，中国居民收入分配差距全方位地扩大，收入不断向高收入者集中，而广大低收入者虽然有非常强的消费意愿，但受制于较低的收入水平从而整体消费低迷。还有传统的主流消费纺织、轻工、家电等行业需要向住宅、汽车、旅游等消费升级换代，可是居民收入差距的扩大会造成居民消费升级换代的困难。

二、收入差距过大对经济增长产生负作用

尹恒等（2006）使用 1995 年和 2002 年中国社会科学院经济研究所收入分配课题组两次城镇居民住户调查数据，对 1991 ~1995 年和 1998 ~2002 年两个时期中国城镇居民收入流动性的变化进行了研究，研究结果发现，城镇居民的收入流动性在下降，1991 ~1995 年各行业和阶层的收入流动、相对收入位置的变化比较明显，可是 1998 ~2002 年各阶层的收入趋于了稳定。这说明居民收入分配状况具有自身复制性，或称为代际传导性。收入者的代际弹性较大（上一代收入者的收入与新一代收入者的收入关联性很强），这意味着高收入者将继续获得更高收入，而低收入者将继续获得更低收入。这种传导性减少了机会均等，损害了低收入居民的权益和工作积极性，从而扩大了居民收入差距。居民收入差距的扩大更进一步制约了低收入者增加人力资本的投资，也在很大程度上制约了经济增长。

三、收入差距扩大损害资源配置效率

不合理的居民收入差距对资源配置效率会产生负面影响。其一，由于边

际效用递减的消费规律，过大的居民收入差距会使经济资源不能达到最优配置状态；其二，少数高收入者会出现奢侈性消费或炫耀性消费，从而会使很多经济资源为少数人生产奢侈品，导致社会经济资源配置效率劣化。例如违法暴富给国民经济造成的负效率。根据有关报道，“九五”期间权利资本化的负效率直接造成了金融机构流失利差约 3000 亿元、地租流失差收益约 4000 亿元、而国有资产流失 5000 亿元。这种居民收入差距的拉大显然不仅没有引起效率提高，反而导致了效率下降。

四、收入差距扩大影响社会稳定

保持社会稳定是一个社会经济正常发展和国家正常运转的根本保证。社会稳定意味着政治稳定和既存的社会秩序稳定。社会能不能保持稳定有许多因素，但经济不平等往往引起社会不稳定。经济不平等会产生不满情绪，最终可能走向反抗，发生影响社会稳定的消极或越轨行为。居民收入差距的不合理的存在意味着经济不平等的存在，当这种不平等很大时，可能就会产生社会不稳定。虽然现有研究还无法依据历史经验对居民收入差距与社会不稳定之间的关系进行准确计量分析，得出准确经验结论。可是纵观历史，可以看出居民收入差距的存在对社会稳定的损害。历史上非常严重的政治动乱、暴力革命、骚乱、劫掠行为大多直接源于贫富分化，有的则间接源于贫富分化。

| 第四章 |

收入差距国际比较及国内演变

第一节　收入差距的度量方法和指标

一、收入差距的度量方法

收入差距的测量存在许多不同的方法，根据收入分配不平等程度测度指数的性质，可以将各种测度方法分成三大类：份额比例测度法、普遍离散系数测度法和收入集中度测度法。当前国内外学者大都以第三种方法来测度收入差距过大。收入集中度测度法一般又包含洛伦茨曲线、基尼系数、广义熵指数（泰尔指数和 MLD 指数）等，其中，以基尼系数和广义熵指数中的泰尔指数最为常见。当然，还有许多派生的其他度量方法。

二、收入差距的度量指标

（一）洛伦茨曲线

洛伦茨将一国人口按照收入从低到高进行排列，然后考虑收入最低的任意百分比人口所得的累计收入百分比，最后将它们的对应关系描绘在图形上，便可得出洛伦茨曲线。如图 4 -1 所示，图中横轴 OH 表示人口按收入由低到高分组的累计百分比，而纵轴 OM 表示对应的收入的累计百分比，弧线 OL 则表示洛伦茨曲线。

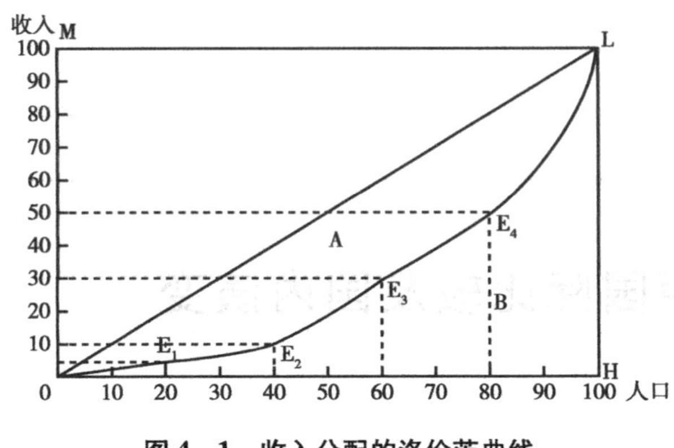

图 4-1　收入分配的洛伦茨曲线

（二）基尼系数

在洛伦兹曲线的基础上，意大利统计学家基尼将洛伦兹曲线上 45°线以下的面积划分为两部分：洛伦兹曲线与 45°线之间的面积为 A；洛伦兹曲线与两条直角线之间的面积为 B。根据这两部分面积的比重来测量收入在个人或家庭之间的分配偏离完全平均分配的程度，这就是著名的基尼系数，其计算公式为：

$$G=\frac{A}{A+B}\qquad 0\leqslant G\leqslant 1 \tag{4-1}$$

从理论上讲，基尼系数的数值变化范围应当是 0 与 1 之间。当 $G=0$ 时，洛伦兹曲线与 45°线完全重合，意味着收入分配完全平均；当 $G=1$ 时，洛伦兹曲线与直角线完全重合，意味着收入分配绝对不平均。根据国际上公认的标准：一个国家的基尼系数小于 0.2，也就是 $G<0.2$，表示该国家的收入分配处于绝对平均状态；$0.2<G<0.3$ 意味着收入分配比较平均；$0.3<G<0.4$ 说明收入分配基本合理；$0.4<G<0.5$ 表示差距已经较大；$0.5<G$ 说明收入分配差距非常悬殊。

（三）收入不良指数分析法

收入不良指数是先按居民收入高低进行分组，一般划分为五等分组。用最高收入者占人口 20% 的人口的收入份额与最低收入者占人口 20% 的人口的收入份额之比来计算收入不良指数。同样，从理论上讲，该指数最低数值为1，这一指数越大，反映居民收入差距越大。这一数值还反映居民收入差距的贫富分化程度，如果这一数值特别大时，则可能意味着出现了两极分化的现象。

（四）收入范围系数

收入范围系数也可以反映一国居民收入分配的分化程度。其计算公式为：

$$R = \frac{1}{\mu}(y_m - y_1) \tag{4-2}$$

其中，R 表示收入范围系数，μ 表示全社会居民的收入均值，y_m 表示全社会居民中的最高收入，y_1 表示全社会居民中的最低收入。这个指标可以反映一国最高收入和最低收入之间的相对收入差距。但这一指标的缺陷是只考虑了最高收入和最低收入的阶层，没有考虑中间收入阶层的收入状况，只有当居民收入信息不完全时，这一指标才可以作为一个参考衡量收入差距的标准。

（五）库兹涅茨比率

库兹涅茨研究了许多发展中国家家和发达国家的居民收入分配，他提出以某一或某些阶层的收入份额的变动来反映整体居民收入差别变化的指标，这一指标被称为库兹涅茨比率。库兹涅茨比率具体是指收入分组之后各组家庭户的收入份额与人口份额间的差额的绝对值之和除以总人口数。用计算公式表示为：

$$K = \frac{1}{P}\sum_{i=1}^{n} |y_i - p_i| \tag{4-3}$$

其中：K 代表库兹涅茨比率，P 代表一国总人口数，n 代表分组数，y_i 和 p_i 分别代表了第 i 个家庭组的收入份额和人口份额。同时，y_i 和 p_i 分别必须满足如下条件：

$$\sum_{i=1}^{n} y_i = 100 \quad \sum_{i=1}^{n} p_i = 100$$

（六）阿鲁瓦利亚指数分析法

阿鲁瓦里亚指数是衡量一个国家贫困程度的指数，它以一个国家中占人口总数的40%的最贫穷人口的收入份额来表示。理论上讲，这一指数的最高数值为0.4，指数越小，表示贫困程度越大，同时居民收入差距也越大。这一指数一般被用来衡量发展中国家的收入分配差距状况，尤其是贫困状况。

（七）五等分法

五等分指标是国际上一种常见的测度收入不平等的指标，尤其世界银行经常用这一指标来反映各个国家的居民收入分配状况。它是将一国所有人口（或家庭）根据收入从低到高平均分为五组，每组人口数（或家庭数）所占总体人口的比例为20%，再计算各组收入占所有人口收入总额的比例。“五等分法”之后，各组分别称为最低收入组、次低收入组、中等收入组、较高收入组和最高收入组。除“五等分法”之外，还有“七分法”。即同样将居民收入由高到低进行排序划分为七组，各组名称分别为最低收入户、低收入户、中等偏下收入户、中等收入户、中等偏上收入户、高收入户、最高收入户。不管是“五等分法”，还是“七分法”。研究者均可以从各组的居民收入水平高低、收入增长速度变化，很方便地分析收入在不同居民群体中的分布情况。

（八）平均绝对离差

平均绝对离差指标的计算公式为：

$$M = \frac{1}{un}\sum_{j=1}^{m} n_j \left| y_j - u \right| \tag{4-4}$$

其中，M表示平均绝对离差，n表示一国总人口，u表示全社会居民平均收入，y_j表示第j个人的实际收入。用这一指标可以反映社会上每个人的收入与平均收入的差距的总水平，一般来讲，这一数值越大，说明居民之间的收入差距程度越大。

（九）泰尔指数

1960年，荷兰经济学家泰尔（Tyr）运用信息论提出的一个可以按加法分解的测定收入不平等或差异程度的指数，用公式表示为：

$$I(O)=\frac{1}{N}\sum_{i=1}^{N}\text{Log}\left|\frac{\bar{Y}_i}{Y_i}\right| \tag{4-5}$$

其中，N 为人口单位数，Y_i 表示第 i 个单位的人均收入，而 $\bar{Y}$ 为 Y_i 的平均值，更进一步：

$$\bar{Y}_i=\frac{1}{N}\sum_{i=1}^{N}Y_i \tag{4-6}$$

其中，I(O) =0 表示居民收入分配相等；I(O) 越大，说明居民收入分配差距越大。如果将人口可以分成 g 组，则有：

$$I(O)=\sum_{g=1}^{G}P_g\times I(O)_g+\sum_{g=1}^{G}P_g\times \text{Log}\frac{P_g}{V_g} \tag{4-7}$$

其中，V_g 表示第 g 组收入在总收入中的比重，P_g 表示第 g 组中人口在总人口中的比重，$I(O)_g$ 表示第 g 组内各单位泰尔指数。式（4-7）中第一项表示组内各单位间的居民收入差异程度；第二项表示各组之间不平等程度。泰尔指数不仅可以显示出总体的居民收入分配差距，还可以显示出各个组分内部及各组之间的居民收入差距，进而可以反映出这些组内差距和组间差距对总体居民收入差距的影响。

（十）阿特金森指数

阿特金森指数是在社会福利函数的基础上推导出来的，计算公式为：

$$A=1-\left[\sum_{i=1}^{n}\left(\frac{Y_i}{\bar{Y}}\right)^{1-e}\times P_i\right]^{1/(1-e)} \tag{4-8}$$

其中，A 表示阿特金森指数，Y_i 表示第 i 组人口的人均收入水平，$\bar{Y}$ 表示总人口的平均收入水平，P_i 表示第 i 组人口在总人口中占的比例，e 则表示社会对居民收入不平等的厌恶程度；e 越大，说明社会对居民收入分配问题重视程度越高。理论上 A 的取值范围为 0 ~ 1，A 越小，表示居民收入分配越均等，这也强调了人们对收入不均等程度的厌恶的大小。

第二节　中国居民收入差距国际比较

一、各国收入差距状况

世界银行统计数据显示：20 世纪最后 10 年世界各国总体居民收入差距都很大，居民收入差距在世界各国普遍存在；发展中国家居民收入差距大于发达国家、中等收入国家居民收入差距大于低收入国家和高收入国家、而下中等收入国家居民收入差距要大于上中等收入国家；经济转轨国家居民收入差距总体上比较大；撒哈拉沙漠以南的非洲国家、拉丁美洲和加勒比地区的居民收入差距大于其他地区；国土面积越大、人口规模越大、城市化水平越低、教育分配越不平等、土地分配越不平等，居民收入差距越大；贫困程度的高低取决于经济发展水平的高低，同时与居民收入差距关系密切。

艾尔伯格等（Aaberge et al.，2000）研究了芬兰、丹麦、瑞典 20 世纪 80 年代后期到 90 年代初期居民收入分配不平等问题，发现这一时期这四个国家都经历了高失业，可是分配不公衡量方法的基尼系数却变化不大。他们认为这些国家提高失业救济金部分抵消了居民收入分配不公的扩大。这些国家的失业救济金制度规定了救济金上限，这只有少数工人受益。救济金对居民收入的替代率较低，但对高收入工人的替代率更低；低收入工人因为失业而遭受收入损失较小而高收入工人因低替代率而遭受较大收入损失的救济结构，在一定程度上缓减了高失业可能对分配的不利影响。还有一个可能抵消收入分配不公的因素是，这四个国家的劳动力市场退出者都能获得一定的退休金。所有这四个国家的社会扶助审查制度，被看作是社会最后的安全网。例如，住房津贴审查对失业家庭可以替代收入损失。最后一个抵消收入分配不公的因素是转移支付体系中的其他部分，这些意外因素也可能影响收入分配的平等性。这些因素，例如资本收入和自我雇佣收入在经济危机时期的突然减少，这类原高收入人群即使没有遭受失业带来的收入损失，却也承受了很大数目的收入损失，从而在一定程度上缩小了经济危机时由失业引致的全社会收入差距的扩大。

用衡量收入分配公平的指标基尼系数来看，韩国一直处于一个比较低的水平。例如，1995 年基尼系数仅为 0.28。在东南亚金融危机中，韩国作为重灾国之一，也经历了国内失业率大幅提高、行业间工资差距有所扩大、而基尼系数略有回升的现象。例如，1999 年时基尼系数为 0.32，之后又出现了缓和。应该说韩国的基尼系数一直没有超过 0.4 的警戒线，处于比较平均和合理的区间内。20 世纪 60 年代，韩国经济起飞时，全社会的经济二元结构非常明显，严重的城乡居民收入差距成为影响收入分配平等性的最主要因素。可是之后收入分配平等性不断趋于改善，最主要的原因在于，政府在强调经济增长速度的同时，也非常重视居民收入分配问题，政府采取了一系列旨在缩小城乡居民收入差距的政策措施，例如有个人所得税和社会保障制度。2001 年，个人所得税占韩国国税总额的 20.9%，其中，高收入阶层纳税额占总额的比重非常高。2002 年韩国综合所得税总额为 57454 亿韩元，而由收入最高 10% 的阶层缴纳的税金要占 76.9%、收入排在前 10% ~20% 的阶层和前 20% ~30% 的阶层分别缴纳了总额的 10.9% 和 5.0%、收入最低 10% 的阶层缴纳的税金仅占总额的 0.1%。

纳纽瓦卡纳（Nanuwakana）曾经考察了俄罗斯 1989 ~2000 年间经济转型如何加剧城市居民收入分配不平等性问题。他选用俄罗斯的一个城市的 1989 年与 2000 年两次抽样调查数据，考察了俄罗斯居民收入总水平、收入分配状况、收入来源，并对收入不均加剧的各种可能因素进行了分析。特别是从收入来源看有如下组成部分：工资收入或自我雇佣的工资收入，占总收入的比例由 1989 年的 82% 降低到 2000 年的 53%，说明俄罗斯居民收入的来源扩大了；公共转移支付收入，这部分收入由中央管理部门支付，占总收入的比例由 1989 年的 16% 上升到 2000 年的 24%；津贴收入，占总收入的比例由 1989 年 1% 上升到 2000 年的 8%；补助收入，这部分收入占总收入的比例由 1989 年的 0.2% 上升到 2001 年的 5%；私人转移支付，这部分收入 2000 年占到总收入的 10%。同时，他们对 1989 ~2000 年间每一种收入来源计算了集中度系数并进行了对比，研究发现，2000 年俄罗斯居民收入分配不均状况比 1989 年加剧的最主要的来源是工资收入的分配不均。高收入群体工资增加多，而低收入群体工资增加不明显，从而出现了居民收入分配不平等扩大。另外，政府的社会保障制度，例如转移支付、补助收入和津贴收入，虽然对提高收入水平有一定作用，但对缩小收入差距却不起作用。这些措施中只有补助收入对促进收入公平分配有积极作用，而公共转移支付的主要受益者是中等收入人群，津贴收入则在各类收入人群中分配得比较均匀。与1989年的收入状况相比，转移支付与津贴收入在低收入人群中分配过少，这在一定程度加剧了收入分配不公。

美国相关年份的数据表明，虽然在20世纪90年代经历了一个较长的繁荣期，但美国贫困率仍高达13.18%。这一时期穷人收入比率在下降，而富人的收入份额在不断上升，到2001年，收入最低的20%家庭只得到全部收入的3.16%，而收入最高的20%家庭却得到全部收入的49.17%，这在西方发达国家中收入分配差距是最大的。美国收入分配差距的扩大有下述政策背景：1980年以后里根及老布什政府采取了有利于富人的税收减免政策而不利于穷人的社会服务预算削减政策；克林顿政府继续实现削减赤字预算的经济政策，这使得惠及穷人的政府支出又大大减少，虽然美国经济高速增长了100多个月，但未给穷人和中间阶层带来更多的好处。数据显示，针对富人的累进税最高税率由里根政权时的50%降至21世纪初的39.17%。这些累计的因素造成了居民收入分配差距不断扩大。

桑兹等（Saez et al.，2005）用日本所得税数据对1885~2002年的居民收入分配与财富集中现象进行了研究，并将研究结果同美国进行了比较。他们的研究发现：“二战”前期日本收入集中度非常高，这期间日本经历了工业化高速发展；“二战”后高收入者的收入集中度迅速下降，尽管经济高速发展，可是1950年后的收入集中度仍保持在较低的水准，而且在20世纪中期，日本高收入的组成由工资收入取代了资本收入。他们认为收入集中度下降主要是可能由于战时税收引起的战争毁坏、资本崩溃、极度通货膨胀及战后职业化改革。与1970年后工资收入不平等差距迅速扩大的美国相比，日本高工资收入份额在一直保持稳定。对这两个国家，技术或税收政策难以解释这种现象，最可能的是体制因素，例如公司管理模式和工会制度造成工资收入不平等的差异。

塞尔沃达（Salverda et al.，2005）在对比了荷兰和英国在20世纪的收入分配发展过程后，发现1914~1977年间两国间存在极为类似的高收入者偏向分配方式，而且偏离程度也差不多。20世纪前期，税前高收入者财富份额明显地下降。尽管累进税明显下降，可是税后高收入者财富份额同样下降。不同的是，1977 年后，英国高收入者所占财富份额及高收入者中的财富不均现象迅速上升，而荷兰却没有相应的变化；荷兰的高收入者财富份额中，资本收入和工资收入的比重已发生改变，工资收入在不断增长，可是财富占比不断下降甚至停滞。

戴尔（Del，2005）利用所得税申报表中的数据资料，研究了德国 1897 ~ 1998 年间和瑞士 1933 ~ 1995 年间的高收入者所占份额的变化过程，发现该国收入不平等现象的减缓主要是受到资本收入的影响。德国的极高收入者在 1914 ~ 1945 年间受到了冲击，此后再也没有完全恢复。1945 年以后，高收入者财富占比相对而言一直保持稳定，近些年也没有明显的上升。不同于美国的是，德国在“二战”前期纳粹政府的五年内，高收入者财富份额增长了一倍；“二战”后，其不同于其他工业化国家的明显结果是，收入更多的是集中于 10% 的高收入者手中。直到 20 世纪 90 年代，德国的超级富豪要比美国更富有，这可能与德国“二战”后极低的遗产税率相关。

维尔等（Veall et al.，2005）利用加拿大 1946 ~ 2000 年间税收数据研究了该国高收入者财富占比的演变过程并与美国进行了系统的比较。加拿大高收入者所占财富份额在整个世纪呈现“U”形，即二战后急剧下降，到 1970 年始终保持缓慢下降趋势，直到 20 世纪 70 年代后期，高收入者财富份额迅速上升，财富份额升高到战前水平。和美国一样，近期高收入者财富占比的增长主要是高工资和薪酬的增加。所有群体的工资收入都在增长，但这种增长在高收入阶层更为明显，而资本收入在高收入阶层中有所下降。与美国相比，加拿大工资激增发生得更晚且更集中于收入顶端人群。他们给出了智力外流的解释：加拿大高技术、管理人才向美国迁移导致加拿大高工资份额的激增。

万德等（Vander et al.，2007）利用税收和家庭调查数据，研究了印尼 1920 ~ 2004 年间的高收入者所占财富份额的演变。研究结果发现：20 世纪 20 ~ 30 年代，高收入者所占财富份额得到增长，第二次世界大战后，开始下降，到 90 年代后期又开始上升；这种变化与 1997 ~ 1998 年间发生的经济危机相符合，一些证据还显示高收入者所占财富份额下降于 21 世纪初期。他们用收入来源对收入份额进行分解后发现，在低于 0.5% 的最高收入群体中，其主要的收入来源于工资。通过比较发现，印尼的高收入者财富占比要高于其他国家。

二、居民收入差距国际比较

（一）中国在世界中的收入差距状况

根据《2002年世界发展报告》，在世界银行所获得的有关107个国家的发展数据中，如果将基尼系数从高向低排，中国的基尼系数位于第43位。如果将最低的10%收入组所占比重从高向低排，中国的这一指标位于第67位；如果将最高的10%收入组所占的比重也从高向低排，中国的这一指标位于第47位。而比较较低的3/5收入组所占的份额与最高的1/5收入组所占份额差距，中国在1998年为1.49倍，这比同期英国的1.25倍和美国的1.48倍还要高许多。另外，从人类发展指数来看，反映收入差距的收入指数也明显靠后，见表4－1。

表4－1　　人类发展指数

国家和地区	人文发展指数	出生时预期寿命（年）	预期受教育年限（年）	平均受教育年限（年）	教育指数	收入指数	健康指数	性别不平等指数
超高人文发展国家	0.889	80.0	15.9	11.3	0.894	0.832	0.946	0.224
高人文发展国家	0.741	73.1	13.6	8.5	0.715	0.681	0.838	0.409
中等人文发展国家	0.630	69.7	11.2	6.3	0.561	0.568	0.784	0.475
低人文发展国家	0.456	58.7	8.3	4.2	0.392	0.396	0.611	0.606
中国	0.687	73.5	11.6	7.5	0.623	0.618	0.843	0.209

资料来源：联合国计划开发署2011年《人文发展报告》。

如果我们再与另一个发展中国家印度相比，中国收入分配问题就显得更加严峻。根据世界银行的数据，印度1997年的基尼系数为0.378，中国1998年的基尼系数为0.403；在最富的10%的人口收入与最穷的10%人口的收入之比方面，印度是9.5倍，中国是12.7倍；在人口最富的20%的收入与最穷的20%的人口收入之比方面，印度是5.7倍，中国是8倍。这些数据反映了这样一种现象，即使同印度相比，虽然我们的GDP增长速度比较高，可是在收入分配的公平性方面，我们还不如对方。因此，可以将这种经济高速增长下的收入差距过大的现象概括为不公正的增长。

（二）收入分配的洲际比较

根据洲际计算的基尼系数见表4－2，可以看出东欧的基尼系数略有上升，OECD成员、东亚的基尼系数相对比较稳定，拉美地区的基尼系数有所下降；我国在20世纪60年代、70年代由于“平均主义”的计划经济政策，基尼系数比较低，但在20世纪90年代以来不断攀升，突破了0.4的界限，进入21世纪以来，直逼0.5，与最高的拉美地区的基尼系数接近。

表4－2　　　　收入分配（基尼系数）的洲际比较

地区	20世纪60年代	20世纪70年代	20世纪80年代	20世纪90年代
东欧	0.251	0.246	0.250	0.289
南亚	0.362	0.339	0.350	0.319
经合组织成员	0.350	0.348	0.332	0.337
中东和北非	0.414	0.419	0.405	0.380
东亚	0.374	0.399	0.387	0.381
撒哈拉以南非洲	0.499	0.482	0.435	0.469
拉丁美洲	0.532	0.491	0.497	0.493

资料来源：Klaus Deininger and Lyn Squire，“A New Data Set Measuring Income Inequality”，World Bank Economic Review，Vol10，No13，Washington，D1C1，World Bank，1996.

中国主要指标占世界的位次见表4－3，可以看出，中国的经济从改革开放以来取得了令世人瞩目的成绩，各项总量指标都跃居世界前列。但是根据基尼系数计算的居民收入差距过大的现象也让人非常担忧，各主要国家基尼系数见表4－4，可以看出，基尼系数超过我们的只有一个国家。

表4－3　　　　中国主要指标占世界的位次

指标	1978年	1980年	1990年	2000年	2005年	2010年	2011年
国土面积	4	4	4	4	4	4	4
人口	1	1	1	1	1	1	1
国内生产总值	10	11	11	6	5	2	2
人均国民总收入	175	177	178	141	128	120	114

续表

指标	1978 年	1980 年	1990 年	2000 年	2005 年	2010 年	2011 年
进出口贸易总额	29	26	15	8	3	2	2
出口额	30	28	14	7	3	1	1
进口额	27	22	17	9	3	2	2
外商直接投资		60	12	9	4	2	2
外汇储备	38	37	7	2	2	1	1

资料来源：联合国 FAO 数据库、联合国贸发会议数据库。

表 4-4　　各主要国家基尼系数

国家	1995 年	2010 年	国家	1995 年	2010 年	国家	1995 年	2010 年
冰岛		0.24	德国	0.27	0.29	澳大利亚	0.31	0.33
斯洛文尼亚		0.25	荷兰	0.25	0.29	日本	0.32	0.34
挪威	0.24	0.25	瑞士		0.30	希腊	0.34	0.34
丹麦	0.21	0.25	法国	0.28	0.30	西班牙		0.34
捷克	0.26	0.26	波兰		0.31	英国	0.31	0.34
芬兰	0.23	0.26	韩国		0.31	葡萄牙	0.36	0.34
斯洛伐克		0.26	经合组织	0.32	0.31	以色列	0.34	0.38
比利时	0.29	0.26	新西兰	0.34	0.32	美国	0.36	0.38
奥地利	0.24	0.27	意大利	0.35	0.32	土耳其	0.49	0.41
瑞典	0.21	0.27	爱沙尼亚		0.32	俄罗斯		0.43
卢森堡	0.26	0.27	加拿大	0.29	0.32	墨西哥	0.52	0.47
匈牙利	0.29	0.27	爱尔兰	0.32	0.33	智利	0.53	0.50

资料来源：2013 年 OECD 社会和财富统计数据库。

另外，根据五等分的衡量收入差距的方法来考察，见表 4-5，可以看出，最低的 20% 的最低收入者拥有的收入比中国是不到 5%，而最高的 20% 的最高收入者拥有的收入比接近 50%；最低收入者拥有的收入比在所列的国家中排在倒数第二，而最高的 20% 的最高收入者拥有的收入比排在了第四位，这说明中国已经有比较明显的两极分化现象。

表 4－5　各主要国家居民收入五等份组收入占比　单位:%

国家	年份	最低的 20%	第二个 20%	第三个 20%	第四个 20%	最高的 20%
中国	2005	4.99	9.85	14.99	22.24	47.93
孟加拉国	2010	8.88	12.37	16.07	21.27	41.41
柬埔寨	2008	7.54	11.00	14.90	20.64	45.92
印度	2005	8.64	12.22	15.81	20.97	42.36
伊朗	2005	6.43	10.91	15.54	21.96	45.16
以色列	2001	5.71	10.46	15.86	23.04	44.93
日本	1993	10.58	14.21	17.58	21.98	35.65
韩国	1998	7.91	13.56	17.95	23.13	37.45
老挝	2008	7.64	11.33	15.29	20.90	44.84
斯里兰卡	2007	6.94	10.35	14.40	20.52	47.79
泰国	2009	6.67	10.28	14.49	21.35	47.21
越南	2008	7.42	11.52	15.81	21.84	43.41
埃及	2008	9.24	13.02	16.37	21.03	40.34
南非	2009	2.70	4.63	8.16	16.30	68.21
加拿大	2000	7.20	12.73	17.18	22.95	39.94
美国	2000	5.44	10.68	15.66	22.40	45.82
阿根廷	2010	4.38	9.31	14.78	22.17	49.36
巴西	2009	2.85	7.13	12.41	19.04	58.57
捷克	1996	10.22	14.33	17.53	21.68	36.24
法国	1995	7.18	12.62	17.19	22.80	40.21
德国	2000	8.52	13.72	17.79	23.09	36.88
意大利	2000	6.50	11.98	16.75	22.75	42.02
荷兰	1999	7.60	13.22	17.24	23.26	38.68
波兰	2009	7.68	11.95	16.23	22.03	42.11
俄罗斯联邦	2009	6.46	10.35	14.77	21.29	47.13
西班牙	2000	6.97	12.09	16.43	22.51	42.00
乌克兰	2009	9.67	13.95	17.69	22.37	36.32
澳大利亚	1994	5.90	12.01	17.20	23.57	41.32
新西兰	1997	6.45	11.37	15.81	22.61	43.76

资料来源：世界银行 WDI 数据库。

再从中国的人均国民收入的角度来分析见表 4 –6，人均国民收入从 1990 年的 330 元增长到 2011 年的 4940 元，21 年增长了 15 倍，国家的富裕程度明显提高。按照世界银行的指标划分，中国已进入中等收入国家的行列（中等收入国家的人均收入为 4125 元），而且正在向中等偏上国家的行列迈进（中等偏上国家的人均收入为 6530 元）。

表 4 –6　　人均国民收入　　单位：元

国家和地区	1990 年	2000 年	2005 年	2009 年	2010 年	2011 年
世界	4080	5278	7104	8674	9067	9491
高收入国家	18375	25324	34000	37800	38765	39783
经合组织高收入国家	19059	26218	35292	39150	40142	41144
非经合组织高收入国家	8538	13895	18474	22890	23782	25372
中等收入国家	892	1252	1921	3349	3722	4125
中等偏下收入国家	520	575	897	1462	1596	1760
中等偏上收入国家	1207	1881	2912	5233	5865	6530
中低收入国家	820	1127	1712	2959	3283	3631
东亚和太平洋	425	902	1617	3166	3670	4243
欧洲和中亚		1780	3711	6851	7260	7610
拉丁美洲和加勒比	2254	3817	4415	7023	7821	8544
中东和北非国家	1296	1645	2195	3679	3869	
南亚	377	442	692	1069	1167	1299
撒哈拉以南非洲	587	491	768	1132	1178	1255
低收入国家	287	267	343	496	534	567
最不发达地区	310	280	405	676	720	754
重债穷国	358	291	401	634	668	694
中国	330	930	1740	3620	4240	4940
巴西	2700	3860	3960	8150	9540	10720
埃及	750	1440	1250	2160	2420	2600
法国	20160	24270	34850	42380	42190	42420
印度	390	450	730	1150	1260	1410

续表

国家和地区	1990 年	2000 年	2005 年	2009 年	2010 年	2011 年
日本	27090	35040	39140	37580	42050	45180
韩国	6000	9910	16900	19650	19720	20870
俄罗斯联邦		1710	4460	9290	9880	10400
南非	3390	3050	4850	5730	6090	6960
美国	23260	34890	44670	46080	47350	48450

资料来源：世界银行 WDI 数据库。

但是，我们再来关注一下中国最低收入者贫困状况。世界银行 WDI 数据库数据显示：我国 2010 年日均收入不足 1.25 美元的贫困人口比是 3.2，比 2005 年 4.0 下降了 0.8 个百分点；我国 2010 年日均收入不足 2 美元的贫困人口比是 10.1，比 2005 年 12.5 下降了 2.4 个百分点。与其他国家相比较，这比率仅低于印度，与巴西比较接近，而远远高于其他一些中等收入国家，比一些拉美国家还要高许多，甚至高于一些低收入国家。

第三节　中国居民收入差距演变

一、全国居民总体收入差距

如果选用基尼系数来衡量中国居民总体内部的居民收入差距，蔡昉等计算出 1985～1999 年，中国居民总体基尼系数由 0.3115 上升到 0.3886；运李子奈等采用他们的计算方法，计算出 2000～2008 年，居民总体基尼系数由 0.3675 上升到 0.4144。另外 Wind 的数据资料显示，从 2003 年以来，反映居民总体收入差距的基尼系数一直上升到 0.48 以上的高位，见表 4－7。

表 4－7　　全国居民基尼系数

年份	2003	2004	2005	2006	2007	2008	2009	2010	2011	2012
基尼系数	0.48	0.47	0.49	0.49	0.48	0.49	0.49	0.48	0.48	0.47

资料来源：Wind 资讯。

根据2011年国家统计局的入户调查见表4－8，最高收入户（10%）的家庭平均年收入64460.67元，最低收入户（10%）的家庭平均年收入7819.44元，最高家庭是最低家庭的8.24倍；最高收入户（10%）的家庭平均可支配收入58841.87元，最低收入户（10%）的家庭平均可支配收入6876.09元，最高家庭是最低家庭的8.56倍。

表4－8　　2011年分组收入调查

指标	按收入等级分						
	最低收入户（10%）	较低收入户（10%）	中等偏下户（20%）	中等收入户（20%）	中等偏上户（20%）	较高收入户（10%）	最高收入户（10%）
调查户数（户）	6505	6566	13170	13178	13177	6572	6488
调查比重（%）	9.91	10.00	20.06	20.07	20.07	10.01	9.88
平均每户人口（人）	3.30	3.20	3.01	2.82	2.67	2.57	2.53
平均每户就业（人）	1.29	1.51	1.52	1.49	1.48	1.48	1.58
就业面（%）	39.09	47.19	50.50	52.84	55.43	57.59	62.45
平均年收入（元）	7819.4	11751.3	15880.7	21439.7	29058.9	39215.5	64460.7
平均可支配收入（元）	6876.2	10672.1	14498.3	19544.9	26420.0	35579.2	58841.9

资料来源：国家统计局2011年。

二、农村居民内部收入差距

根据中国统计年鉴的统计数据，运用胡祖光的计算方法，计算得出，1985～2008年中国农村内部基尼系数由最低年份的0.252上升到最高年份的0.335。经济体制改革以及工业化和城市化推进，没有带来农村居民收入状况的改善。在农村内部，20世纪80年代末期农村内部的居民收入差距比较大，这是因为农村内部自然条件差异较大，当时东部沿海要比西部富裕得多。而地区内部的居民收入差距并不十分明显，因为当时非农就业刚刚开始，农民收入主要靠农业，不会造成太大的收入差距。农村内部基尼系数上升很快，主要来自地区之间的居民收入差距。2002年，基尼系数上升到

0.37，这时收入的差距扩大不仅是地区差异的扩大，也是地区内部差异的扩大，原因就在于非农就业和农业就业之间收入存在差异（非农就业收入远远高于农业收入，非农就业收入不是均匀分布，而且农业收入较低、不稳定）。同时，农村内部最高收入组和最低收入组的收入比例，从1988年的8.6倍上升到2002年的11倍。

三、城镇居民内部收入差距

胡祖光计算出城镇内部基尼系数由最低年份0.145上升到最高年份0.2995。这说明，与改革开放初期相比，城镇居民内部存在一定的收入差距，并且增长迅速。自20世纪90年代以来，我国城市贫困问题伴随城市经济的快速发展和城市居民人均收入的迅速提高而不断蔓延。据国家统计局公布的数据，截至2008年底，我国城市中有261万人口领取失业保险金，有2334万城市居民得到政府最低生活保障。同时，城市中有约1.5亿农民工及其家庭成员，其中大量的贫困者尚未包含在救助和估计范围。与此形成鲜明对照的是城镇居民的高资产拥有的家庭数量从2006年以来不断攀升，增长了3倍以上，见表4－9，表4－10。

表4－9　　建行高资产人群数　　单位：万人

指标名称	建行：高净值家庭数量	资产600万～1000万元	资产1000万～5000万元	资产5000万～1亿元	资产>1亿元
频率（年份）	年	年	年	年	年
2008	51	25	23	2	1
2009	78	37	36	3	2
2010	114	55	53	4	2
2011	148	71	69	6	3
2012	174	79	84	8	3

资料来源：Wind资讯。

表 4-10　　招行高资产人群数　　单位：万人

指标名称	招行：高净值人群数量：合计	资产 1000 万～5000 万元	资产 5000 万～1 亿元	资产 >1 亿元
频率（年份）	年	年	年	年
2006	18.1			
2007		29.2		
2008	30.2	26	3	1
2009	41.1			
2010	50.3	43	5	2
2011	58.5			
2012	71	61	6	4
2013	84	72	7	5

资料来源：Wind 资讯。

改革开放以来，我国居民收入差距变化从总体来说，经过了四个阶段，见表 4-11。第一个阶段是 1978～1984 年。城镇居民收入增长比较平稳，居民收入差距基本保持改革开放前的水平。原因是中国改革开放是从农村开始，1984 年以后才对城镇经济体制进行改革。所以这一阶段城镇居民收入差距状况还基本保持了计划经济体制下的特征，城镇居民基尼系数低于 0.16 左右，还处于高度平均状态。

第二个阶段是 1985～1994 年。城镇居民收入的收入差距开始扩大。1985 年，城镇居民内部的基尼系数第一次有了较大幅度的上升，由 0.16 上升为 0.19，上升了 3 个百分点。之后有几次大的跳跃式上升：1988 年，城镇居民内部的基尼系数上升了 3 个百分点；1993 年，城镇居民内部的基尼系数上升了 2 个百分点；1994 年，城镇居民内部的基尼系数上升了 3 个百分点。与上一阶段相比，城镇居民收入水平的增长已不是均等的、普遍的现象，而是在不同群体中不均衡增长，使得不断出现城镇不同群体的收入差距拉大现象。从收入的等级分组看，1986～1995 年，10% 的最低收入组人均收入增长了 3.4 倍，可是 10% 的最高收入组却增长了 5.1 倍。

第三阶段是 1995～1999 年。由于宏观经济增长减速运行，居民收入增速也明显减缓，而居民收入差距扩大的趋势略有缓解，但是这一阶段中城镇居民收入差距总体水平仍高于前一阶段。还有一些原因对城镇居民收入差距起到减缓作用，那就是城镇居民最低生活保障制度在全国大多数城镇中的普及。从个别年份的城镇居民基尼系数的情况看：1995 年，基尼系数甚至出现了改革以来第一次下降，比 1994 年下降了 2 个百分点，居民收入差距迅速扩大的势头有所收敛。

第四阶段是2000 年至今。随着经济体制改革的不断深化，城镇居民收入差距急剧拉大。这一时期政府收入分配政策进一步市场化，劳动者之间的管理、技术、信息等要素报酬得到了较好地体现，可是调节居民收入分配差距的宏观经济政策没有及时跟进，这导致城镇居民收入差距问题日趋严重。还有随着“下岗分流、减员增效”政策的实施，下岗失业人数日益剧增，这部分群体的收入明显下降，这也导致居民收入差距进一步扩大。从一些时点上的基尼系数看：城镇居民基尼系数由 1978 年的 0.16 上升为 2003 年的 0.34，上升了 18 个百分点，到“十一五”末期时逼近了 0.50。

表 4 – 11　　改革开放以来城镇居民收入差距及相关指标变化情况

年份	人均可支配收入（元）	收入实际增幅（%）	基尼系数	人均 GDP 增幅（%）
1978	343		0.16	10.2
1980	478		0.16	6.5
1981	498	0.4	0.15	3.9
1982	527	4.8	0.15	7.5
1983	564	4.9	0.15	9.3
1984	651	12	0.16	13.7
1985	739	0.1	0.19	11.9
1986	900	12.4	0.19	7.2
1987	1002	1.6	0.2	9.8
1988	1181	–4.9	0.23	9.5
1989	1376	1.9	0.23	2.3
1990	1510	8.2	0.23	2.3
1991	1701	6.6	0.24	7.7
1992	2027	8.3	0.25	12.8
1993	2577	6.3	0.27	12.2
1994	3496	2.8	0.3	11.4
1995	4283	2.1	0.28	9.3

续表

年份	人均可支配收入（元）	收入实际增幅（%）	基尼系数	人均 GDP 增幅（%）
1996	4839	2.9	0.28	8.4
1997	5160	3.2	0.29	7.7
1998	5425	5.8	0.3	6.8
1999	5854	9.3	0.295	6.2
2000	6280	6.4	0.319	7.1
2001	6859.6	8.5	0.32	6.7
2002	7702.8	13.4	0.32	7.2
2003			0.34	

资料来源：国家统计局 1978～2004 年统计年鉴。

四、地区之间收入差距的演变

靳卫东（2010）选取东部地区的山东省、中西部地区的湖南省和西部地区的云南省为典型省份，以人均 GDP 为标准，对比分析这三地区的收入差距。1985 年山东省、湖南省和云南省的人均 GDP 的比为 1.83∶1.23∶1，而到 2008 年，这一比值变化为 2.64∶1.3∶1。从这些比值可以看出：以湖南省和云南省为代表的中西部地区之间收入差距较小，可是它们和以山东为代表的东部地区之间的收入差距却在逐年增加。改革开放前，中国在东、中、西部地区之间就存在显著的收入差距。就总体而言，东部沿海地区和一部分中部地区的经济发展水平和人均收入要高于西部地区。

为缩小地区差距，我国中央政府曾在 20 世纪 50 年代到 70 年代之间实行了转移财政支付、平衡收入差距的政策，而且在中西部地区扩大了投资，但遗憾的是，这些措施并未显著缩小东西部地区间在经济效率方面的差距。20 世纪 80 年代，为了扩大地方政府和企业的经济自主权和提高它们的积极性，中央政府对各省区市实行财政“分灶吃饭”，这减小了经济较发达地区的财政上缴比重，从而在很大程度上降低了东西部之间财政转移支付力度。这些政策的实施促进了东部地区的经济快速发展，特别是首先享受到这些政策的广东省，在整个改革时期都取得了突飞猛进的发展。

改革开放以来至20世纪末，中国宏观经济曾经历三次大的波动周期：1981~1986年的经济周期、1986~1989年的经济周期、1989年至20世纪末期的经济周期。第三个周期与前两个周期相比，地区间增长率差异扩大，经济增长的周期波动幅度很大。20世纪90年代以来，东部地区经济先行加速，GDP增长率从处在低谷的5.1%上升到12.1%，增长率上升了7个百分点；而中西部地区增幅很小，才分别上升了1.7个百分点和3个百分点。1989年低谷时期中西部地区与东部地区的经济增长率差异很小，可是到1991年增长启动时期，东部地区启动早、增长快，而中西部地区启动晚、增长慢，中、西部地区与东部地区的经济增长率差异扩大到6.2个和4个百分点。到1993年增长高峰时期，东部地区增长率高达18.8%，可是中部和西部地区增长率仅仅分别为13.8%和12.3%。

在前两个周期，增长高峰的1984年和1987年，东部地区增长率比中西部地区的增长率稍快一点，在这些时期，东中西三大地带之间的增长率差异还很小，仅仅不到2个百分点。到了增长高峰过后的1985年和1988年，各地区增长率差异出现增大，这不是由于各地区的增长加速差异，更多的是由于各地区增长下落幅度不同所致。不过这种差异短暂出现后很快缩小至消失。再看看第三个周期，在自1991~1993年的经济增长加速阶段，东部地区经济增长率大幅度快于中西部地区，从而东部地区与中西部地区之间的经济增长差异显著扩大。从表4-12、表4-13可以看到，宏观经济波动带来这三大地带经济差距的急剧扩大，显示各地区之间收入差距的差距比率（东部与中西部地区相比）不断增大，这导致以后年份的经济下滑对中西部地区经济发展和社会安定产生严重不利的影响（袁钢明，2000）。

表4-12　　三大地带GDP增长率　　单位:%

年份	经济过热		经济“软着陆”			景气下降及启动	
	1992	1993	1994	1995	1996	1997	1998
全国	14.2	13.5	12.7	10.5	9.9	8.8	7.8
东部	17.0	16.1	14.3	11.4	9.6	9.0	8.3
中部	11.5	10.5	11.5	10.1	10.7	8.9	7.1
西部	9.6	9.1	8.4	7.3	7.6	7.6	6.8
中西部	10.8	10.0	10.4	9.2	9.6	8.5	7.0

资料来源：国家统计局。

表 4－13　　三大地带人均 GDP 差距倍率

倍率	1991 年	1992 年	1993 年	1994 年	1995 年	1996 年	1997 年	1998 年
东部/中部	1.66	1.74	1.83	1.87	1.90	1.89	1.91	1.91
东部/西部	1.91	2.03	2.19	2.31	2.45	2.50	2.53	2.56
东部/中西部	1.75	1.84	1.95	2.02	2.08	2.09	2.10	2.12
中部/西部	1.15	1.17	1.20	1.24	1.29	1.32	1.34	1.34

资料来源：国家统计局。

进入 20 世纪以来，以省为划分的地区差距也上到一个高位见表 4－14。农村人均纯收入最高的上海市收入为 13978.0 元，比农村人均纯收入最低的甘肃省的收入 3424.7 元高 4.08 倍；城镇人均可支配收入最高的上海市收入为 31838.1 元，比人均可支配收入最低的甘肃省的收入 13188.6 元高 2.41 倍；城镇人均可支配收入最高的上海市收入为 31838.1 元，比农村人均纯收入最低的甘肃省的收入 3424.7 元高 9.30 倍。

表 4－14　　2010 年各省区市城乡居民收入水平

省区市	农村人均纯收入（元）	城镇人均可支配收入（元）	城乡居民收入水平对比	省区市	农村人均纯收入（元）	城镇人均可支配收入（元）	城乡居民收入水平对比
北京	13262.3	29072.9	2.19	湖北	5832.3	16058.4	2.75
天津	10074.9	24292.6	2.41	湖南	5622.0	16565.7	2.95
河北	5958.0	16263.4	2.73	广东	7890.3	23897.8	3.03
山西	4736.3	15647.7	3.30	广西壮族自治区	4543.4	17063.9	3.76
内蒙古	5529.6	17698.2	3.20	海南	5275.4	15581.1	2.95
辽宁	6907.9	17712.6	2.56	重庆	5276.7	17532.4	3.32
吉林	6237.4	15411.5	2.47	四川	5086.9	15461.2	3.04
黑龙江	6210.7	13856.5	2.23	贵州	3471.9	14142.7	4.07
上海	13978.0	31838.1	2.28	云南	3952.0	16064.5	4.06
江苏	9118.2	22944.3	2.52	西藏	4138.7	14980.5	3.62
浙江	11302.6	27359.0	2.42	陕西	4105.0	15695.2	3.82
安徽	5285.2	15788.2	2.99	甘肃	3424.7	13188.6	3.85
福建	7426.9	21781.3	2.93	青海	3862.7	13855.0	3.59
江西	5788.6	15481.1	2.67	宁夏回族自治区	4674.9	15344.5	3.28
山东	6990.3	19945.8	2.85	新疆维吾尔自治区	4642.7	13643.8	2.94
河南	5523.7	15930.3	2.88				

资料来源：国家统计局 2010 年。

以省为划分的地区差距从收入构成来看：总收入的构成中，工资性收入要占很高的份额；沿海省份的财产性收入占的比重较大；西部省份的转移性收入不足见表 4 - 15。

表 4 - 15　2010 年全国城镇居民收入来源　单位：元

区域	可支配收入	总收入	工资性收入	经营净收入	财产性收入	转移性收入
全国	19109.44	21033.42	13707.68	1713.51	520.33	5091.90
北京	29072.93	33360.42	23099.09	1170.65	655.91	8434.77
天津	24292.60	26942.00	16780.41	931.81	333.17	8896.61
河北	16263.43	17334.42	10566.30	1043.72	323.97	5400.43
山西	15647.66	16893.00	10784.74	1044.85	198.59	4864.81
内蒙古	17698.15	19014.24	12614.46	2013.77	432.82	3953.19
辽宁	17712.58	20014.57	11712.68	1797.82	249.59	6254.48
吉林	15411.47	16794.45	10621.43	1363.73	163.83	4645.45
黑龙江	13856.51	15095.55	9087.59	1266.72	102.05	4639.19
上海	31838.08	35738.51	25439.97	1628.22	512.12	8158.20
江苏	22944.26	25115.40	14816.87	2519.06	471.04	7308.57
浙江	27359.02	30134.79	18313.60	3640.87	1470.13	6710.19
安徽	15788.17	17626.71	11442.43	1172.36	427.01	4584.91
福建	21781.31	24149.59	15682.48	2135.92	1420.84	4910.35
江西	15481.12	16558.01	10613.83	1266.21	344.77	4333.20
山东	19945.83	21736.94	15731.23	1703.72	490.22	3811.78
河南	15930.26	17141.80	10804.88	1478.06	222.07	4636.80
湖北	16058.37	17572.83	11460.49	1391.83	378.34	4342.17
湖南	16565.70	17657.06	10782.04	1880.90	541.11	4453.02
广东	23897.80	26896.86	18902.43	2666.53	956.60	4371.30
广西	17063.89	18742.21	12061.82	1474.90	576.87	4628.62
海南	15581.05	16929.63	10957.92	1716.74	559.76	3695.21
重庆	17532.43	18990.54	12738.20	1263.20	312.64	4676.51
四川	15461.16	17128.89	11310.70	1198.69	378.08	4241.43
贵州	14142.74	15138.80	9627.99	1174.02	213.83	4122.96
云南	16064.54	17478.91	10845.21	1122.89	1162.12	4348.70
西藏	14980.47	16538.98	14707.14	395.66	233.04	1203.14

续表

区域	可支配收入	总收入	工资性收入	经营净收入	财产性收入	转移性收入
陕西	15695.21	17064.71	12078.35	573.19	187.39	4225.78
甘肃	13188.55	14307.28	9882.50	687.96	72.23	3664.59
青海	13854.99	15480.81	10061.58	943.96	73.90	4401.37
宁夏回族自治区	15344.49	17536.78	10821.22	2238.13	189.52	4287.91
新疆维吾尔自治区	13643.77	15421.59	11327.91	1131.78	151.94	2809.96

资料来源：国家统计局2010年。

再从东、中、西、东北部划分的大的区域结构来作数据分析。根据国家统计局2010年的东、中、西、东北部划分的城镇居民收入情况见表4－16：平均每人全部年收入最高的东部地区2010年的收入为25773.29元，比平均每人全部年收入最低的中部地区2010年的收入17302.96元高1.49倍；平均每人年可支配收入最高的东部地区2010年的收入为23272.83元，比平均每人年可支配收入最低的西部地区2010年的收入15806.49元高1.47倍。

表4－16　2010年东、中、西、东北部划分的城镇居民收入情况

指标	东部地区	中部地区	西部地区	东北地区
调查户数（户）	28419	11090	18100	8000
平均每户家庭人口（人）	2.91	2.87	2.90	2.72
平均每户就业人口（人）	1.55	1.44	1.48	1.36
平均每户就业面（%）	53.26	50.17	51.03	50.00
平均每一就业者负担人数（包括就业者本人）（人）	1.88	1.99	1.96	2.00
平均每人全部年收入（元）	25773.29	17302.96	17309.03	17688.18
平均每人年可支配收入（元）	23272.83	15962.02	15806.49	15940.99

资料来源：国家统计局2010年。

五、所有制视角收入差距演变

从所有制的角度来分析。有如下结果：1985年之前企业基本全是国有企业和集体企业，从就业比重来看基本上是国有企业职工占 80% 左右，而集体企业职工占 20% 左右，国有企业职工比集体企业职工的工资高 200 元以内；1985 年之后，随着从计划经济体制向市场经济体制过渡，国有企业和集体企业的比重开始同步下降，到 2008 年，从就业比重来看，国有企业职工占 53. 2%，而集体企业职工占 5. 4%，其他企业职工占 41. 4%，与此同时工资差距的倍数开始不断扩大，集体企业的工资增长一直低于另外两种类型企业职工工资，其他企业的工资水平从 1985 年之后一直高于国有企业职工的工资水平，2003 年之后，这种情况发生了逆转，国有企业的职工工资开始高于其他企业，而且工资之差的绝对额不断扩大。不同所有制企业职工人数及平均工资见表 4 - 17。

表 4 - 17　　不同所有制企业职工人数及平均工资

年份	职工人数（万人）				平均货币工资（元）			
	合计	国有	城镇集体	其他	合计	国有	城镇集体	其他
1952	1603	1580	23		445	446	348	
1953	1856	1826	30		495	496	415	
1954	2002	1881	121		517	519	464	
1955	2162	1908	254		527	534	453	
1956	2977	2423	554		601	610	547	
1957	3101	2451	650		624	637	571	
1958	5194	4532	662		536	550	470	
1959	5275	4561	714		512	524	430	
1960	5969	5044	925		511	528	409	
1961	5171	4171	1000		510	537	380	
1962	4321	3309	1012		551	592	405	
1963	4372	3293	1079		576	641	371	
1964	4601	3465	1136		586	661	358	
1965	4965	3738	1227		590	652	398	
1966	5198	3934	1264		583	636	423	
1967	5305	4006	1299		587	630	455	
1968	5504	4170	1334		577	621	441	
1969	5714	4335	1379		575	618	439	

续表

年份	职工人数（万人）				平均货币工资（元）			
	合计	国有	城镇集体	其他	合计	国有	城镇集体	其他
1970	6216	4792	1424		561	609	405	
1971	6787	5318	1469		560	597	429	
1972	7134	5610	1524		588	622	465	
1973	7337	5758	1579		587	614	489	
1974	7651	6007	1644		584	622	441	
1975	8198	6426	1772		580	613	453	
1976	8673	6860	1813		575	605	464	
1977	9112	7196	1916		576	602	478	
1978	9499	7451	2048		615	644	506	
1979	9967	7693	2274		668	705	542	
1980	10444	8019	2425		762	803	623	
1981	10940	8372	2568		772	812	642	
1982	11281	8630	2651		798	836	671	
1983	11515	8771	2744		826	865	698	
1984	11890	8637	3216	37	974	1034	811	1048
1985	12358	8990	3324	44	1148	1213	967	1436
1986	12809	9333	3421	55	1329	1414	1092	1629
1987	13214	9654	3488	72	1459	1546	1207	1879
1988	13608	9984	3527	97	1747	1853	1426	2382
1989	13742	10108	3502	132	1935	2055	1557	2707
1990	14059	10346	3549	164	2140	2284	1681	2987
1991	14508	10664	3628	216	2340	2477	1866	3468
1992	14792	10889	3621	282	2711	2878	2109	3966
1993	14849	10920	3393	536	3371	3532	2592	4966
1994	14849	10890	3211	747	4538	4797	3245	6303
1995	14908	10955	3076	877	5500	5625	3931	7463
1996	14845	10949	2954	942	6210	6280	4302	8261
1997	14668	10766	2817	1085	6470	6747	4512	8789
1998	12337	8809	1900	1628	7479	7668	5331	8972
1999	11773	8336	1652	1785	8346	8543	5774	9829

续表

年份	职工人数（万人）				平均货币工资（元）			
	合计	国有	城镇集体	其他	合计	国有	城镇集体	其他
2000	11259	7878	1447	1935	9371	9552	6262	10984
2001	10792	7409	1241	2142	10870	11178	6867	12140
2002	10558	6924	1071	2563	12422	12869	7667	13212
2003	10492	6621	951	2920	14040	14577	8678	14574
2004	10576	6438	851	3287	16024	16729	9814	16259
2005	10850	6232	769	3849	18364	19313	11283	18244
2006	11161	6170	726	4264	21001	22112	13014	20755
2007	11427	6148	684	4595	24932	26620	15595	24058
2008	11515	6126	623	4766	29229	31005	18338	28387

资料来源：国家统计局。

第四节　农村收入状况的一个调查案例

一、个案基本情况

笔者为了近距离、更直观地观察和了解中国农村居民收入的近期状况，了解农村转移劳动力就业情况和农村家庭重大支出情况，于 2014 年 1 月 25 日至 2 月 14 日将甘肃省华亭县西华镇阳关村作为调查对象开展了 20 天入户深入调查。获取一手资料和数据。甘肃省华亭县西华镇阳关村位于甘肃省的东部地区，在交通上应该是比较便利，在经济上是甘肃省为数不多的几个非贫困县之一。总体判断在甘肃省的农村中应当属于中上水平。通过调查了解到该村在土地特征上属于黄土高原上的山地，基本农作物为小麦、玉米和土豆；基本经济作物为从 2004 年以后开始种植独活、川芎等中草药；另外还有煤炭运输、养殖牛羊来取得收入。该村有 51 户农户、人口 224 人，拥有可耕种土地 790 亩，户均拥有土地 15. 49 亩。在对土地耕种情况了解时，发现至少有 20% 的土地撂荒，10% 的土地贫瘠仅用于种草及杂粮，核算收益其经济效益基本接近于 0。余下可耕种的土地占 70%，在可耕种的土地中 70%

用于种植农作物，用于家庭口粮；可耕种土地30%用于种植经济作物。另外，通过笔者估计，该村至少还拥有400余亩荒山。

二、甘肃省华亭县西华镇阳关村基本调查情况

根据表4－18、表4－19的计算，该村在经过1985年、1991年两次土地调整之后，拥有耕地的人数为197人。1995年国家出台了关于“增人不增地、减人不减地”的政策之后，每户拥有的土地再没有变动过。截至2013年12月31日，该村实际拥有的人数为224人，相比于2004年来讲，该村人数从217人上升到目前的水平增加了5人，其中15～64岁的劳动就业人口为149人。这10年中的人口变动情况有：农转非9人（上大学户口由农村居民转为城市居民）；农转工2人（由于该县有煤炭资源，在煤矿工作8年以上可以农转工，但30年来该村在煤矿工作过符合条件的至少有70余人，只有在煤矿系统有社会关系的2人得以转正）；其余的人口变动为婚丧嫁娶和新生儿，这些都是正常的农村居民人口内部的调整。

表4－18　2013年收入来源情况

序号	户主	拥地人数（人）	经营性收入			打工收入（元）	转移性收入			财产性收入（元）
			农作物（元）	经济作物（元）	其他（元）		低保或养老（元）	粮食补贴（元）	二女户补贴（元）	
1	李银虎	4	2500	0	0	18000	0	1065	0	0
2	张治华	3	750	0	0	0	1800	765	0	400
3	李云贵	4	2400	3750	8500	3000	0	1031	0	－3000
4	陈树全	4	2300	3000	7000	0	0	1031	0	－4000
5	李俊德	4	2500	3000	2000	0	0	1042	0	0
6	张俊喜	5	2900	3000	10000	12000	960	1310	600	800
7	李俊仁	4	2500	4500	7200	25000	960	1051	0	800
8	王治魁	4	500	0	0	0	840	1051	0	0
9	陈立林	3	1800	3000	0	20000	840	752	0	5000
10	梁社会	2	900	4500	7500	5000	0	510	0	－1000
11	梁建社	5	3000	3000	6000	25000	1920	1320	0	800

续表

序号	户主	拥地人数（人）	经营性收入			打工收入（元）	转移性收入			财产性收入（元）
			农作物（元）	经济作物（元）	其他（元）		低保或养老（元）	粮食补贴（元）	二女户补贴（元）	
12	李忠福	2	1000	0	0	0	5520	510	600	800
13	邓志荣	3	1900	1500	0	10000	8120	761	0	0
14	康保林	2	900	0	0	10000	0	510	0	-2000
15	郭喜林	3	1800	0	0	10000	960	750	0	-3000
16	王双虎	3	1900	2250	10000	0	1920	760	0	0
17	梁彦峰	4	2500	3000	60000	0	1920	1065	0	-30000
18	郭有平	2	0	0	60000	0	0	510	0	0
19	王宝明	5	3000	3000	0	5000	960	1320	0	-1000
20	陈兴明	3	1900	0	0	15000	960	759	0	-1000
21	高秀芳	6	3500	4500	53000	0	1920	1650	0	4000
22	薛新房	6	3500	3000	0	60000	0	1650	0	0
23	牛世祥	4	2500	2250	0	50000	960	1031	600	0
24	李晓丽	5	3000	4500	0	20000	960	1320	600	-2000
25	李世宏	6	3500	12000	43600	0	1440	1650	0	4000
26	高贵林	3	0	0	0	140000	960	750	0	-10000
27	杨建军	2	500	100000	10000	0	960	480	0	0
28	杨兴军	2	500	1500	7000	15000	0	480	0	4000
29	牛和平	4	2500	3000	100000	0	960	1061	0	20000
30	牛贵林	3	1800	7500	24000	40000	960	760	0	-3000
31	朱彦芳	6	3500	6000	7500	20000	0	1650	0	4000
32	邓红苍	8	5000	3000	38000	60000	4560	2080	0	6000
33	梁耀俊	4	2500	3000	8000	30000	0	1061	0	0
34	杜生华	3	0	0	0	110000	3600	751	0	0
35	王玉海	5	3000	3000	8000	20000	3600	1320	600	0
36	梁林娃	4	2500	2250	15000	5000	0	1061	0	1500
37	牛占林	2	500	3000	8000	6000	0	480	0	1200
38	任天祥	2	500	2250	0	6000	1800	480	0	800
39	杜治国	4	2500	2250	13000	30000	0	1032	0	800

续表

序号	户主	拥地人数（人）	经营性收入			打工收入（元）	转移性收入			财产性收入（元）
			农作物（元）	经济作物（元）	其他（元）		低保或养老（元）	粮食补贴（元）	二女户补贴（元）	
40	梁百顺	5	3000	3000	35000	0	3600	1320	0	1500
41	来芳	3	1800	6000	8000	15000	0	760	0	1600
42	梁治荣	6	3000	2250	8000	85000	1920	1650	0	4000
43	任志祥	4	2500	1500	0	70000	0	1061	0	800
44	梁拴林	3	1800	2250	0	5000	2760	760	0	400
45	饶玉平	4	2500	4500	0	60000	960	1061	0	0
46	付东城	5	500	3000	0	55000	0	480	0	3200
47	王海龙	4	2500	3000	10000	50000	0	1061	0	4000
48	梁碧峰	3	1800	3000	15000	15000	0	760	0	800
49	梁孝如	5	3000	3000	8000	20000	1920	1320	600	0
50	张春	3	2000	3000	8600	40000	1920	1065	0	4000
51	陈清贺	4	2500	4500	0	60000	0	1065	0	0

资料来源：2014 年 1 月 25 日至 2 月 14 日入户调查。

表 4－19　　2003 年以来重大变化

序号	户主	人口变动		重大支出			
		10 年来人口增减（人）	15～64 岁人口（人）	教育支出（元）	结婚支出（元）	健康支出（元）	建房或购房支出（元）
1	李银虎	4 人增为 6 人	4	0	50000	4000	0
2	张治华	2 人减为 1 人	1	0	0	0	0
3	李云贵	4 人增为 6 人	4	0	50000	0	0
4	陈树全	4 人减为 2 人	2	80000	0	0	130000
5	李俊德	4 人减为 2 人	2	50000	60000	0	120000
6	张俊喜	4 人增为 6 人	4	0	0	0	60000
7	李俊仁	5 人未变	3	30000	0	0	0
8	王治魁	2 人减为 1 人	0	0	0	0	0
9	陈立林	4 人未变	3	0	0	0	100000

续表

序号	户主	人口变动		重大支出			
		10 年来人口增减（人）	15 ~64 岁人口（人）	教育支出（元）	结婚支出（元）	健康支出（元）	建房或购房支出（元）
10	梁社会	3 人增为 4 人	3	30000	0	0	60000
11	梁建社	5 人增为 6 人	3	30000	0	0	80000
12	李忠福	2 人未变	0	0	0	0	0
13	邓志荣	5 人减为 4 人	3	0	0	30000	0
14	康保林	1 人增为 3 人	2	0	60000	0	0
15	郭喜林	2 人增为 3 人	2	0	50000	0	0
16	王双虎	3 人未变	1	0	0	0	0
17	梁彦峰	6 人未变	3	30000	0	0	500000
18	郭有平	3 人增为 4 人	3	30000	0	0	350000
19	王宝明	4 人增为 5 人	3	0	0	0	30000
20	陈兴明	4 人减为 3 人	3	0	0	0	30000
21	高秀芳	7 人减为 6 人	4	80000	0	0	0
22	薛新房	4 人增为 6 人	4	0	0	0	110000
23	牛世祥	4 人增为 6 人	4	0	0	3000	12000
24	李晓丽	6 人未变	4	0	0	0	130000
25	李世宏	6 人减为 3 人	3	90000	0	0	0
26	高贵林	5 人增为 6 人	4	50000	0	0	468000
27	杨建军	4 人增为 7 人	2	0	0	0	333000
28	杨兴军	4 人未变	2	0	0	4000	60000
29	牛和平	5 人增为 6 人	4	30000	0	0	210000
30	牛贵林	6 人减为 4 人	4	0	130000	0	50000
31	朱彦芳	6 人未变	4	30000	0	0	40000
32	邓红苍	7 人增为 8 人	5	0	0	4000	200000
33	梁耀俊	4 人减为 2 人	2	0	0	0	400000
34	杜生华	4 人增为 5 人	5	0	80000	0	0
35	王玉海	4 人减为 3 人	3	50000	0	0	10000
36	梁林娃	4 人减为 3 人	3	0	0	0	20000
37	牛占林	3 人增为 4 人	3	0	0	0	25000

续表

序号	户主	人口变动		重大支出			
		10 年来人口增减（人）	15~64 岁人口（人）	教育支出（元）	结婚支出（元）	健康支出（元）	建房或购房支出（元）
38	任天祥	4 人减为 1 人	1	0	0	0	0
39	杜治国	4 人增为 5 人	3	0	60000	10000	0
40	梁百顺	6 人未变	4	0	0	0	60000
41	来芳	5 人减为 3 人	3	50000	0	0	0
42	梁治荣	6 人未变	3	30000	0	0	230000
43	任志祥	4 人增为 6 人	4	0	100000		20000
44	梁拴林	2 人未变	1	0	0	0	0
45	饶玉平	5 人减为 3 人	2	90000	0	0	400000
46	付东城	3 人增为 4 人	2	0	0	0	0
47	王海龙	3 人增为 6 人	4	0	0	0	40000
48	梁碧峰	3 人增为 5 人	2	0	0	0	0
49	梁孝如	6 人未变	3	50000	0	0	0
50	张春	6 人减为 5 人	3	30000	0	3000	0
51	陈清贺	6 人未变	5	30000	0	0	150000

资料来源：2014 年 1 月 25 日至 2 月 14 日入户调查。

从该村总的取得收入的构成来看：经营性收入 950550 元，其中农作物折算收入 105150 元、经济性作物 239500 元、其他（养殖、运输、小买部和小诊所）605900 元；打工收入 1245000 元；转移性收入 118023 元，其中低保或养老金 63440 元、粮补 50983 元、纯女户补助 3600 元；财产性收入 15200 元；总收入为 2328773 元。再计算其构成比例：经营性收入占总收入 40.82%，其中农作物折算收入占总收入 4.52%，占经营性收入 11.06%、经济性作物占总收入 10.28%，占经营性收入 25.2%、其他（养殖、运输、小买部和小诊所）占总收入的 26.02%，占经营性收入的 63.74%；打工收入占总收入的 53.46%；转移性收入占总收入的 5.07%，其中低保或养老金占总收入的 2.72%，占转移性收入 53.75%、粮补占总收入的 2.19%，占转移性收入 43.2%、纯女户补助占总收入的 0.16% 占转移性收入的 3.05%；财产性收入占总收入的 0.65%。从上述数据分析出如下结论：从收入比重来看，打工收入占有半壁江山，经营性收入的比重还相当高，而转移性收入和财产性收入非常少；农作物的效益已经低下到可以忽略，而粮补对农业的支持比重还有一些偏低。再从人均收入水平来作分析，该村人均收入的情况为：经营性收入 4243.5 元，其中农作物折算收入 469.4 元、经济性作物 1069.2 元、其他（养殖、运输、小买部和小诊所）3774.1 元；打工收入 5558 元；转移性收入 526.9 元，其中低保或养老金 283.2 元、粮补 227.6 元、纯女户补助 16.1 元；财产性收入 67.9 元；总收入为 10396.3 元。从人均收入水平来看显然偏低，而且从国家对农业的补助来将只有人均 227.6 元，这与发达国家的农业补助相比（美国 14000 美元、日本 23000 美元和欧洲 17000 美元）相差太远①。

从消费视角来作分析。农村的重大支出主要有：教育支出、结婚支出、健康支出和建房支出或购房支出。通过对该村 10 年来的重大支出数据统计如下：教育支出 890000 元、结婚支出 640000 元、健康支出 58000 元和建房支出或购房支出 4428000 元。经过对比分析：该村最大的支出是建房支出或购房支出，通过交流得知，主要与国家新农村建设政策的引导有关系，每户通过新农村建设评估之后可以获得 10000 ~ 20000 元的补助资金，当然也与传统农村居民讲究门面有关系；排在第二位的是教育支出，主要统计的是子女上高中和上大学的支出，平均来讲该村农户每供一个高中学生需要至少 30000 元，大学生至少 50000 元；结婚支出也要占到非常大的比例，该村农村家庭娶一个媳妇光彩礼已经涨到 50000 ~ 80000 元，这样有 3 户家庭由于贫困没有娶到媳妇；排到最后的是健康支出，经调查得知，并不是村社居民的身体健康状况良好，该村人均寿命不足 70 岁，低于全国的平均水平，只所以健康支出相对较低，主要是该村居民有病硬撑或到社诊疗所作简单治疗，有许多老人去世了甚至不知道得的是什么病，或送到医院时已无法医治，这主要还是与家庭收入低有直接的关系。

---

① 尹成杰：《新阶段“三农”工作理论和政策创新》，载《中国农村经济》，2005 年 4 月。

| 第五章 |

中国劳动力低成本经济增长战略

第一节　国际经济发展与收入分配战略

一、“先增长，后分配”的增长导向型

这种模式主要为广大的发展中国家所采取，由于发展中国家经济明显落后，为了谋求经济的快速发展，往往忽略了收入分配的公平性，这将导致的后果是收入分配的差距越来越大，而且难以改善。这种模式的典型国家如巴西、墨西哥和印度，它们普遍认为只要加速经济增长，实现了国家的工业化，那么诸如贫困、失业等收入分配问题就会自然而然地缓解。

事实上，这几个国家中印度、墨西哥在20世纪90年代以来保持了很高的增长水平，而阿根廷和巴西则出现了负增长和高低增长交替不稳定增长的现象见表5－1、表5－2、表5－3。从再从收入分配的角度来看，这四个国家中除了印度外，另外的三个国家的基尼系数在0.44以上，显示非常大的收入差距。用收入五等分来分析：最高收入的20%的人群所拥有的收入除印度外另外的三个国家的收入占比都在50%以上，而相对应最低收入的20%的人群所拥有的收入除印度外另外的三个国家的收入占比都不足5%见表5－4。

上述四国中，阿根廷和巴西的高增长的模式已不可持续，从20世纪90年代以来便落入了“中等收入陷阱”。这其中一个最大的原因便是这些国家

不注重收入分配的公平性，导致低收入群体的收入低，收入差距拉大，出现社会动荡，进而制约了经济的增长。印度虽然收入分配状况好像比其他国家好，但这是因为它与其他三国的发展水平还有很大差距，随着经济更进一步地增长，其收入分配差距必然会恶化，这从其贫困率就可以看出来。2010 年印度每日收入不足 2 美元的人口高达 24.5%。

表 5－1　　1990～2011 年部分国家国内生产总值　　单位：亿美元

国家	1990 年	2000 年	2005 年	2009 年	2010 年	2011 年
阿根廷	1414	2842	1832	3071	3687	4460
巴西	4620	6447	8822	16217	21430	24767
印度	3266	4747	8342	13611	16843	18480
墨西哥	2627	5814	8489	8824	10359	11553
斯里兰卡	80	163	244	421	496	592
韩国	2638	5334	8449	8341	10149	11162
新加坡	361	959	1235	1759	2132	2397
罗马尼亚	383	371	989	1611	1616	1798
波兰	645	1713	3039	4309	4698	5145
立陶宛	105	114	260	368	363	427
摩尔多瓦	36	13	30	54	58	70
匈牙利	331	464	1103	1266	1286	1400
俄罗斯联邦	5168	2597	7640	12226	14875	18578
乌克兰	815	313	861	1172	1364	1652
爱沙尼亚	50	57	139	192	188	222
捷克	387	588	1301	1962	1977	2152

资料来源：世界银行 WDI 数据库。

二、“重分配，轻增长”的分配导向型

这种模式是一种低速增长和公平分配型，即只注重分配的公平性，但经济增长的速度却很低，这主要以斯里兰卡为主要典型。如表 5－4 所示，该国的基尼系数低于墨西哥、阿根廷和巴西，两极分化的程度也低于这三国。20 世纪 70 年代以前，该国政府在粮食、教育和卫生方面进行了大量的福利

投入，同时在农业方面实行了保证价格和补贴。这些政策一方面改善了收入分配，但挤占了投资方面的资金，很大程度上制约了经济的增长。

表5－2　　1990～2010年部分国家人均国内生产总值　　单位：美元

国家	1990年	2000年	2005年	2009年	2010年	2011年
阿根廷	4330	7696	4736	7665	9124	10941
巴西	3087	3696	4743	8392	10993	12594
墨西哥	3116	5817	7973	7876	9133	10064
印度	363	450	732	1127	1375	1489
捷克	3375	5725	12706	18707	18789	20407
爱沙尼亚	3193	4144	10330	14345	14045	16556
立陶宛	2841	3267	7604	11034	11046	13339
波兰	1694	4454	7963	11294	12303	13463
罗马尼亚	1651	1651	4572	7500	7539	8405
俄罗斯联邦	3485	1775	5337	8616	10481	13089
新加坡	11845	23815	28953	35274	41987	46241
乌克兰	1570	636	1829	2545	2974	3615
摩尔多瓦	972	354	831	1526	1632	1967
韩国	6153	11347	17551	16959	20540	22424
匈牙利	3186	4543	10937	12635	12863	14044
斯里兰卡	463	855	1242	2057	2400	2835

资料来源：世界银行WDI数据库。

三、"边增长，边分配"的增长和分配兼顾型

这种模式以韩国和新加坡为主要代表，其特点是快速增长能和公平分配实现互动。以韩国为例，经济的全面快速增长使这个国家在1962年人均GDP只有87美元，但农村的贫困发生率从1965年的40.9%下降到1986年的7.7%。这些国家在经济高速增长的过程中都没有出现收入分配的恶化。到2011年，韩国的人均国民生产总值已达22424美元，基尼系数只有0.32（1998年），而两极分化的程度从最高和最低20%的人群占比来看也不突出。

表 5－3　　1990～2010 年部分国家国内生产总值增长率　　单位：%

国家	1990 年	2000 年	2005 年	2009 年	2010 年	2011 年
阿根廷	－2.40	－0.79	9.18	0.85	9.16	8.87
巴西	－4.30	4.31	3.16	－0.33	7.53	2.73
印度	5.53	3.98	9.29	8.24	9.55	6.86
墨西哥	5.07	6.60	3.21	－6.24	5.52	3.94
捷克	—	4.30	6.55	－5.27	2.42	1.40
爱沙尼亚	－7.12	10.19	9.11	－14.23	2.27	7.65
匈牙利	－2.49	4.50	4.17	－6.65	1.49	1.99
韩国	7.91	7.58	3.74	－0.16	5.83	2.87
摩尔多瓦	－2.80	2.31	7.76	－5.87	7.21	6.49
俄罗斯联邦	－3.37	10.01	6.90	－7.81	4.29	4.29
波兰	—	4.82	3.66	1.56	3.81	4.26
乌克兰	－6.56	6.97	3.46	－14.42	4.51	5.58
斯里兰卡	5.09	5.75	5.11	2.36	6.95	7.13
新加坡	5.92	7.17	4.88	－3.92	12.75	2.72
立陶宛	-	3.98	8.47	－14.26	2.95	8.64
罗马尼亚	－5.76	2.23	4.42	－8.36	1.15	－0.14

资料来源：世界银行 WDI 数据库。

四、转型国家“大衰退与收入分配急剧恶化”型

这主要指苏联和东欧国家所进行的模式，这种模式的特点是采取了“大爆炸”式的体制转型，从而引发了经济的严重衰退和收入分配关系的急剧恶化。在转型的过程中，由于增长率低、债务高、通胀率高和失业率高的宏观经济特征，这些国家的收入分配状况由原来比西欧还公平的收入分配转型后走向了极大的不平等。

自 20 世纪 90 年代以来，爱沙尼亚、匈牙利、捷克、摩尔多瓦、立陶宛、罗马尼亚、俄罗斯联邦、波兰和乌克兰其经济增长率不断地低增长甚至负增长；而收入分配的不平等加剧，基尼系数平均相比较于 20 世纪 80 年代

而言上升了5个百分点，而俄罗斯联邦和乌克兰的状况更甚，它们的基尼系数分别从0.24和0.23上升到0.48和0.47（80年代和90年代对比），见表5-3。从两极分化的视角分析，以俄罗斯联邦为例，该国最高20%的人群拥有了全国收入的近50%，见表5-4。

表5-4　部分国家居民收入分配

国家	年份	基尼系数	各组占全部收入或消费的比重（%）				
			最低的20%	第二个20%	第三个20%	第四个20%	最高的20%
阿根廷	2010	0.44	4.38	9.31	14.78	22.17	49.36
巴西	2009	0.55	2.85	7.13	12.41	19.04	58.57
印度	2005	0.33	8.64	12.22	15.81	20.97	42.36
墨西哥	2008	0.48	4.73	8.65	13.08	19.87	53.67
韩国	1998	0.32	7.91	13.56	17.95	23.13	37.45
斯里兰卡	2007	0.40	6.94	10.35	14.40	20.52	47.79
捷克	1996	0.26	10.22	14.33	17.53	21.68	36.24
俄罗斯联邦	2009	0.40	6.46	10.35	14.77	21.29	47.13

资料来源：世界银行WDI数据库。

第二节　中国劳动力低成本经济增长战略

一、中国劳动力低成本经济增长战略含义

中国低成本劳动力经济增长战略（后文简称低成本战略），是指从1949年中华人民共和国成立以来为实现国民经济的快速增长，实现由农业国向工业国的转变，所采取的经济增长战略，有如下内涵：它从阶段上讲分为改革开放前30年和改革开放后30年两个阶段，前一阶段以赶超战略为主，而后一阶段以比较优势理论为战略基础；这两个阶段都有一个共同的特点，就是农村支援城市，通过压低农业部门的要素价格来实现低成本经济增长的战

略，只不过前一阶段主要以抽取农业部门的剩余为主，而后一阶段主要以压低农民工的工资为基础来实现；这一战略实施过程以户籍制度为核心，区分了城市和农村两种不同身份属性的居民，针对不同的身份实行了不同的国民待遇，采取了城市偏向的宏观经济政策。

这一战略在实施时有一种强烈的政策倾向，那就是对农村不进行更多的公共投入，保持农村收入的低水平状态，这样可以持续地产生在城市与农村就业的明显的收益差，从而促使“农村剩余劳动力”（有许多是被动的、无奈的相对剩余）源源不断地流向城市。更进一步地，由于在城市与农村就业有明显的收益差，这就为压低在城市就业的农民工的收入创造出了更大的空间，继续采取获得“比较优势”的劳动力低成本战略。这一战略在新的发展时期出现了新的矛盾，一方面，随着农民工打工收入更多地递回农村，农村靠自身的积累发展起来，再加上大中城市的市场准入及生活成本的急剧提高，许多农民工回流到了原籍，这出现了所谓“用工荒”现象。另一方面，出现了所谓的“普遍工资上涨”现象，许多学者大谈“劳动力成本上升”“人口红利”结束、“刘易斯转折点”到来。解释这些现象的根源就在于，我国长期以来实行的劳动力低成本战略（特别是农民工低成本战略），当前如不扭转这种战略，就无法摆脱经济增长的下滑趋势，有可能真正落入“中等收入陷阱”。

二、中国低成本劳动力经济增长战略理论来源

（一）刘易斯二元经济结构理论

刘易斯为了解释发展中国家的经济发展的根本原因，提出了二元经济结构理论，认为发展中国家普遍具有二元经济结构，即整个社会划分为两大经济部门：传统部门和现代部门。传统部门具有的特征是：在发展中国家中占有很大比重，比现代部门占用更多的劳动力；使用资本极少的技术；劳动力的边际生产力很低，或者为零，甚至为负数；这一部门的工资收入取决于其人均产值，也是维持劳动者生活的最低水平；这一部门几乎没有经济剩余，只有接近于无限剩余的劳动力。另一个部门即现代部门，它具有以下特征：在发展中国家还很弱小；使用资本较多的技术；这一部

门的劳动力边际生产力大于或等于工资，从而存在经济剩余；这一部门的工资略高于传统部门，两部门的收入差距更多地取决于城乡居民生活费用的差距、农业劳动力迁入城市的心理成本以及吸引农村劳动力流入现代工业部门的额外收入；现代部门以利润最大化为目标，这驱使资本家把经济剩余最大限度用于资本积累。

刘易斯提出了很重要的一个观点，即生产要素从劳动生产率低的传统部门向生产率更高的现代部门聚集，是推动经济增长的重要动力。因为传统部门边际生产力接近于零值，存在着大量过剩的劳动力，那么从该部门转移走过剩的劳动力将不会减少其产出；而资本家把利润转化为资本的逐利行为，会更进一步增强现代部门从传统部门吸收更多剩余劳动力的能力。经济发展就体现在劳动力从农村部门向城市部门的转移过程以及现代部门产量及就业量的增长两个方面。这一经济发展的过程，是农村人口城市化的过程，也是不发达经济体中二元经济向同质经济转化的过程。他还认为，现代部门就业增加和劳动力的转移是由现代部门的产量增加带来的，同时产量的增加来自现代部门资本的积累。资本是发展中国家发展的重要条件，所以要采取一系列增加储蓄的手段，包括强制储蓄和自愿储蓄。而且要采取措施保证储蓄能顺利转化为投资，这些措施包括：保证投资赢利、适度通货膨胀、增税、引进外资、创建股份有限公司，以及建立相应的金融机构。当储蓄和现代部门的利润转化为投资时，现代部门就能源源不断地从传统部门吸收剩余劳动力。在传统农业部门剩余劳动力尽可能被现代工业部门吸收时，农业的边际劳动生产力才会提高，留在农村的农业劳动者的收入就会增加，同时也意味着会结束建立在略高于维持生存收入的工资水平上的劳动力无限供给。

刘易斯二元经济思想可进一步概括如下：资本积累能够提高现代部门的劳动边际生产力，从而增加该部门劳动力需求；现代部门工资收入高于传统部门，在现行工资水平上，现代部门劳动力需求大大超过劳动力供给，劳动力供给弹性无限大；现代部门的增长也依赖于从传统部门不断吸收劳动力，同时传统部门存在大量剩余劳动力，转移不会影响这一部门的产量；要改变二元经济结构，发展的机制是现代部门不断增加资本积累，增加现代部门的产量，进而带来就业增加，更进一步实现传统农业部门的剩余劳动力转移。

与此同时，现代部门维持既定工资率，继续保持了现代部门的高利润，这吸引了资本家将获得的利润重新投资，导致现代部门更进一步增加资本积累，从而使上述循环不断进行，直到农村剩余劳动力全部转移到现代部门中。

刘易斯模型中最关键的因素是传统部门（主要是第一产业）存在的大量剩余劳动力，这成为一国经济发展的关键所在。正如他的模型所显示的那样，无限剩余劳动力的传统产业（也就是维持生计部门）会源源不断地以最低工资（甚至是维持生计的水平）的水平向城镇现代化制造业部门输送剩余劳动力，这成为发展中国家经济增长的重要引擎。当传统部门剩余劳动力的资源被利用殆尽，制造业吸收不到新增劳动力的情况下，工资会大幅增加，经济发展将出现依托剩余劳动力转型到依托资本技术积聚发展的转变。这个转变过程分三个阶段：第一阶段，传统部门劳动的边际生产率为零或很低，劳动力对现代部门具有无限供给的弹性；第二阶段，随着现代部门扩张和大量传统部门剩余劳动力转入现代部门，农业劳动的边际生产率上升，带来粮食价格和工资的上涨现象；第三阶段，资本进入传统部门，传统部门开始进行专业化和规模化生产，部门之间的均衡发展把经济发展带入一体化阶段。这三个阶段的分水岭就是存在的两个刘易斯转折点。第一转折点是从第一个阶段向第二个阶段的转换，这个转折点意味着劳动力供给从无限剩余转向有限剩余转变；第二转折点是从第二个阶段向第三个阶段的转换，意味着有限剩余的劳动力被完全吸收殆尽。

（二）赶超战略

赶超战略是经济落后国家追赶经济发达国家并力图实现超越、不顾资源约束而推行超越发展阶段的重工业优先发展战略。称其为“赶超”，是相对于这一战略确定的产业目标和资源禀赋所要求的产业结构之间存在巨大差异。在开放性的、竞争性的市场经济中，一个资本有机构成结构和资源禀赋结构相差很大的产业，例如，劳动力资源丰富、资本相对稀缺而存在的资本相对密集的重工业，在市场竞争中无法获得社会可接受的利润水平，甚至会发生严重亏损，从而没有自生能力。

赶超战略的理论基础是后发优势理论。美国经济学家亚历山大·格申克龙（Geshenkelon）首先探讨了这一思想，他认为经济落后国家在经济发展中存在相对优势，也就是后发优势。后发优势理论认为，经济落后国家在工业化中所处的后发地位也会带来一些特殊的益处，意即“落后的有利性”，也就成为后进国家的后发优势。这些优势可以概括为：经济落后国家可以参照先进国家的工业化方式，从中进行理性分析和选择，从而做出最适合自己的最优决策；可以更有效地利用先进国家现有的技术和设备，节约研究和开发的成本，这可以加快后进国家的工业化进程，最终缩小与先进国家的差距；还可以学习先进国家的制度运行、经济结构调整和工业化的成功经验，从而降低试错成本、节约宝贵时间和有限资源。

这一战略的结果是产生一个特殊的、以经济跳跃式发展为特征的超常规经济发展，表现为追求经济的高速度增长、产业结构的高级化、主要经济指标接近或达到甚至超过发达国家的水平。但由于重工业建设周期长、初始投资规模大、发展早期需要从国外引进大部分设备，而任何国家在早期发展中的都缺乏资金和外汇，因而要想优先发展重工业，只能一方面压低利率、汇率和生产要素价格；而另一方面以计划分配的方式将资本、外汇和原材料优先供应给重工业部门。在这种战略下，在经济发展的调节机制的选择上，必然要求发挥政府干预的主导作用。

（三）比较优势理论

比较优势战略是指根据一国资源禀赋结构来确立本国的产业结构，根据资源禀赋结构的变化相应调整产业结构，利用资源禀赋结构存在的比较优势发展本国经济的战略。这一战略有一个最基本的特征，即在经济发展的各个阶段上，都能够充分利用本国当时所具有的相对优势资源来为经济稳定增长服务。如果一个国家劳动力资源相对于别国更丰富，那么该国的比较优势就在于劳动密集型产业。当该国将劳动密集型产业作为其优先发展的主导产业时，这种发展战略就遵循了经济学中所说的“比较优势原则”，许多经济学家称之为比较优势战略。

比较优势战略的理论基础是比较优势理论。这一理论的提出有一个演变过程，从亚当·斯密的“绝对成本论”到李嘉图的“比较成本论”，再发展到赫克歇尔—俄林的“要素禀赋论”，形成了一个完整的理论体系。根据这一理论，各国分工生产各自具有相对优势的产品，例如，劳动生产率相对较高或成本相对较低的产品，通过国际贸易均可获得利益。即使在经济落后国家所具有相对优势的产品其成本可能会高于发达国家不具有相对优势的同一产品的成本，通过国际贸易也可以获益。这是因为各国的比较优势取决于本国的要素结构，不同商品需要不同的生产要素，而各个国家拥有的生产要素比例是不同的。所以各国在生产那些能够比较密集地利用其较充裕的生产要素的商品时，比较利益就会有产生。各国应该出口能利用其充裕要素的商品，以换取其需要稀缺生产要素生产的进口商品。

比较优势战略的结果是产生一个循序渐进的经济发展过程。一般来讲，在经济发展初期，发展中国家往往面临资本和外汇极为稀缺问题。可是它们的劳动力资源相对丰富，按照比较优势战略可以优先发展劳动密集型产业。随着要素比较优势的变化，一国的产业结构也逐渐偏向于资本密集型，这会内生地实现产业结构高级化。与赶超战略相比，实行比较优势战略的经济发展速度较慢。经济发展实行比较优势战略的前提是需要有一个能够反映生产要素相对稀缺性的要素价格结构。而要素相对稀缺性在要素价格结构上的准确反映必须是市场竞争的结果，要最大限度地排除政府的干预。

三、中国低成本劳动力经济增长战略特征

（一）农村支援城市

工农业之间或者城乡之间的资源转移主要以资金的形态表现出来。蔡昉等（2003）曾经对整个计划经济时期农村资源向城市的无偿转移进行估算，大约在6000亿~8000亿元。即使现在这种农业和农村资源向非农业和城市单向流动还在进行。[①] 30多年的改革之后，随着产品市场的发育和完善，在很大程度上消除了工农业产品价格剪刀差存在的条件。可是从财政资金和信贷资金的流出和流入对比看，直到21世纪初，对农村的征税仍然大大高于财政对农业的支出；对农村的总存款远远高于农村总贷款。这说明农业和农

① Huang, Jikun, Keijiro Otsuka and Seott Rozelle: The role of Agriculture in China development, presented at Pittsburth Conferrence, 2004.

村资金向非农产业和城市的净流出。

对于已经转移到城市非农产业就业的农村剩余劳动力来说，他们在就业机会和工资决定上面一直受到歧视。根据有的学者测算：外来劳动力尤其是农民工的工资显著低于城市本地劳动力的工资，因同工不同酬和岗位进入障碍等歧视性原因造成的收入差距占43%；城市本地劳动力的小时平均工资为5.7元，而外来劳动力的小时平均工资为4.05元；外来劳动力特别是农民工的年平均工作时间在3573小时以上。根据有关数据推算出，如果以城市本地劳动力的小时工资为基准，排除对外来劳动力的歧视，外来劳动力的小时工资应该为每小时4.69元。与上述数据对比，外来劳动力因为受到歧视每小时少挣0.64元，一个外来劳动力每年平均少收入2284元。以2004年1.03亿农村到城市的打工者计算，外出农民工每年因劳动力市场歧视而少收入2343亿元，比每年汇回农村家里的打工收入1624亿元多出44%。

（二）压低劳动要素成本

农村流动人口中，农民工是最大的群体。在当前中国，就供给相对充足、需求不足的劳动与资本之间的简单关系而言，资本在大多数情况下基本上对劳动处于支配地位，而劳动力价格即农民工的工资应当有一个满足劳动力再生产需求以及社会道德的底线。可是长期以来，中国将低廉的劳动力成本当作竞争优势，而这种竞争优势在很大程度上是靠挤压农民工合理的劳动工资待遇、降低正常的生产生活条件和取消基本的社会保障而形成的。这就形成了初次分配的扭曲。在初次分配中劳动者原始收入应当包括三个部分：劳动者工资收入、福利收入、津贴和补贴等其他收入。要从根本上解决收入分配差距问题，尤其是城乡居民收入差距过大的问题，就要让农业转移人口进城落户，这首先就要注重初次分配的公平问题。只有在初次分配大体不系统性扭曲的情况下，运用再分配手段以及第三次收入分配的补充，改变实际宏观经济运行中产生的收入分配差距才可能是有效的。

（三）劳动者身份属性上的三元结构

刘易斯模型中的基本观点是：劳动边际生产率的提高归功于城市现代经

济部门的不断发展，剩余劳动力吸收源于利润资本化所创造的新的就业机会；城市工业部门只要支付最低生活标准的费用就可以获得无限供给的劳动力；当资本积累赶上劳动力供给时，农村剩余劳动力吸收完毕，达到所谓的“刘易斯拐点”，经济发展也就进入城乡同质化阶段，从而基本完成工业化任务。仅仅从经济部门的划分和经济活动的分析来讲，刘易斯理论似乎近于完美，可是在中国户籍制度的管理下，城乡同质化依然遥不可及。从居民身份角度来看，除了城市居民和农村居民之外，还出现了边缘人“农民工”，这就形成了中国特色的三元结构。

“农民工”这个词最早出现在1991年7月25日，由国务院发布的《全民所有制企业招用农民合同制工人的规定》一文中，该规定对农民工进行了界定，所谓“农民工”即农民合同制工人。2004年3月5日，温家宝在《政府工作报告》中首次使用“农民工”这个概念。在这一时间前后，建设部、劳动和社会保障部等部门曾先后下发有关保护农民工劳动权利的文件，例如，司法部、建设部这两部于2003年9月30日发布《关于切实解决建筑业企业拖欠农民工工资问题的通知》；两部于2004年9月6日发布《关于印发〈建设领域农民工工资支付管理暂行办法〉的通知》；两部于2004年11月6日发布《关于为解决建设领域拖欠工程款和农民工工资问题提供法律服务和法律援助的通知》等行政法规。这些文件中都直接使用了“农民工”一词。

第三节　中国背景下刘易斯二元经济结构理论的不足之处

一、理论假设不适合解释中国现象

刘易斯二元经济理论在诸多方面不适合解释中国的现象。它假设农村存在大量的剩余劳动力，而在城市则是充分就业的，可是城市的失业问题有时比农村更为严重；它假设农村剩余劳动力进入现代部门能适应现代工业的要求，可是发展中国家的农村剩余劳动力普遍缺少人力资本，很长时间内难以符合现代工业综合素质要求；它假设现代部门劳动转移率和就业机会创造率一定与现代部门资本积累率成正比（假设现代部门资本积累越多，增长率就越高，从而创造的工作机会也成比例增加），可是现代工业的发展基本是劳动节约型的，资本密集型产业不会创造很多的就业机会；它假设现代部门存在一个充分竞争的劳动力市场，这可以保证在现代部门实际工资总量不变的情况下，农村剩余劳动力源源不断地被吸收，忽略了现代部门既得利益团体的阻力；它假设资本家会将利润全部用于再投资，可是发展中国家存在投资环境不良、市场体系不健全、法制不完善、政府机构低效等原因，资本家的利润不会全部再投资于当地经济中，而可能被储藏、消费或转移到国外，并不一定能带来当地工业的发展。

二、模型将收入作为唯一的决定因素

根据克拉克定理，技术进步和经济发展会使劳动力从农业部门向工业部门转移。在改革开放后，中国社会主义市场体制的完善，大大激发了经济发展的活力，出现了“民工潮”的现象，这在很大程度上好像很好地印证了刘易斯模型在中国的有效性。可是中国还存在着大量的剩余劳动力没有被转移出去，这也是不争的事实。所以刘易斯模型只能部分解释中国农村剩余劳动力转移现象，还不能完全按照他所描述的劳动力转移过程来解决中国的劳动力流动问题。深入分析刘易斯模型，发现这一模型存在一个很大的弊端，就是将收入作为模型唯一的影响因素来考查，这与中国的实际情况存在着非常大的差距。中国二元经济结构的差异不单表现在城乡经济上的不同，还涉及社会制度等方面的一系列的差异和不同，例如教育水平、户籍制度、社会保障制度等因素，它们对农村剩余劳动力的转移都会产生重大影响，显然刘易斯模型在变量的选取上过于简化，它没有将这些因素纳入模型之中，这造成它只能在一定时期内部分地解释中国的经济现象。

三、户籍藩篱下的城乡劳动力市场扭曲

发展中国家的政府大都采取倾向于歧视农业的政策，主要通过价格干

预、财政与金融政策的城市偏向，以及贸易保护、汇率扭曲等外向型政策，把农业剩余强行的从农业部门向工业部门转移。这些政策干预导致市场经济体制的扭曲，收入大规模从农村向城市转移，最终造成农业发展以及农村经济增长受到阻碍。如果政府不对城乡的生产活动和要素市场进行干预的话，可能就会出现资本和劳动力从农业流出，使得两个部门的报酬在地区间趋于相等。但是为了稳定住这种有利于工业部门的资源配置格局，政府出面人为地采取将城乡劳动力市场分割开的政策。

中国的城乡劳动力市场分割是传统计划经济体制的产物。早在 1978 年改革以前，政府推行重工业优先发展的赶超战略，把城乡经济关系变成了计划控制的组成部分，城乡之间劳动力流动被强行人为地阻断。与轻工业相比，重工业资本密集程度高，劳动吸纳能力有限，推行重工业优先发展战略本身意味着牺牲掉大量的就业机会。为应对这种就业问题，国家要针对就业问题作出相应的制度安排。为进一步控制劳动力从农村流出，并保障城市居民充分就业以及享有的其他福利不外溢，户籍制度应运而生。1958 年，政府颁布了《中华人民共和国户口登记条例》，开始确立了一套完善的户口管理制度，用法律形式严格限制农民进城，限制城市间人口的自由流动。例如，住房、医疗、教育、托幼、养老等一系列排他性福利对农村居民来讲只能是羡慕，再加上以保障城市劳动力全面就业为目标的排他性劳动就业制度更是将农村居民死死地钉在农村。

自 20 世纪 80 年代以来，上述旨在分割城乡劳动力市场的制度不同程度地发生了改革。农村家庭承包制的普遍推行，农产品市场的逐渐放开，以及要素市场的发育和完善，在很大程度上推动了劳动和资本在农村内部和城乡之间自由流动。相应地，户籍制度也有所放松，城市福利体制开始改革，就业也逐渐市场化，劳动力的流动性逐渐增大，大批外来工在城市部门受到雇用。可是一系列不利于农村劳动力转移的政策仍然存在。地方性就业政策给予城市人口以高度的优先地位，同时制定种种政策和规制排斥外地劳动力。例如，政府规定农村劳动力跨区转移必须同时获得迁出地和迁入地政府的批准，在取得打工许可证、城市暂住人口登记证等证明文件之后才能进入城市劳动力市场，再加上未完成的社会保障体制改革使得迁移者无法获得必要的社会服务，这大大提高了农村迁移者在城市生活和工作的成本；许多大中城市政府还规定一些行业和岗位不得雇佣外地劳动力，这也提高了企业的雇佣成本。

自21世纪以来，城市政府还在采取一系列政策手段，排斥农民工在城市就业，阻碍劳动力自由流动，导致劳动力市场的继续分割。甚至维持城乡分割的户籍制度和二元劳动力市场，被继续当作经济转轨时期的一种所谓政治安全保障。所有阻碍劳动力流动的因素中，户籍制度是最为基本的、尚未根本改革的制度约束，是妨碍城乡劳动力市场发育的制度根源。有如下原因：户籍制度的存在使绝大多数农村转移劳动力和他们的家属得不到在城市永久居住的法律认可，他们的迁移预期只能变成是暂时性的或流动的；所有在就业政策、保障体制和社会服务方面对外地人的政策性歧视性，都根源于户籍制度；虽然城市偏向政策的许多方面都已经或正在改革中，但只要附加社会福利的户籍制度存在，就存在着政策反复的可能性。

四、中国的“刘易斯拐点”悖论

“刘易斯拐点”是纯理论模型，在研究方法上抽象掉了各种社会和制度因素，诸如一个国家或地区的经济结构、社会政策、文化特点，等等。可是在研究一国的人口状况、就业形势等实际问题时，这些忽略掉的因素往往是必须考虑的变量。研究中国实际面临的问题时。这个特点愈加明显。中国经济已持续30年保持高增长，“用工荒”、工资上涨，这一切都好像在佐证“刘易斯拐点”的到来。可是还有一个不争的事实就是，经济增长速度一旦放缓，就业岗位就会大幅减少，劳动力富余的状况凸现。最近的例子就是2008年的金融危机，直接导致当年的农民工“返乡潮”，这便是对中国已到“刘易斯拐点”论的最大质疑。这说明一旦宏观经济出现大的波动，中国劳动力的供需矛盾依然很尖锐。从供给一方看，农村劳动力供给总量的形成，是人口数量和管理制度共同的产物。当前对劳动力市场更有意义的数字是劳动力有效供给，可是户籍制度的松动、城乡二元结构的打破、新生代农民工的成长等，都可以增加劳动力的有效供给，可见，人口大国、农业大国，还是中国的基本国情，必须紧紧抓住就业问题不放松。

"刘易斯拐点论"还不能解释结构性失业问题。2004 年开始，中国东南沿海开始出现"民工荒"现象，大量企业招不到工人，农民工短缺成为这些地区劳动密集型企业的头痛问题。之后"民工荒"现象愈演愈烈，从珠三角、长三角等沿海发达地区蔓延到中国中西部的部分省份，甚至扩散到一些传统的劳务输出大省，"民工荒"俨然已成为全国性难题。可是与此同时，中国却出现了看似与"民工荒"现象非常矛盾的大学生"就业难"现象，这一问题在 21 世纪初就开始显现，之后大学生的就业形势日趋严峻，大量毕业生未就业先失业。如今，大学生"就业难"已经成为困扰中国社会稳定的一个突出问题。统计资料显示，中国大学毕业生初次就业率从 21 世纪初的 80% 以上下降到近几年的 70% 左右，2011 年初"大学生工资不如农民工"的讨论更是把大学生"就业难"问题推到了社会舆论的风口浪尖上。

"民工荒"的实质是企业的"浪费性用人"，他们短缺的是年轻的、从事体力劳动的人口，而不是"40～50 岁"人员，更不是大学生。"民工荒"的出现主要是由于生育率下降而导致劳动年龄人口中年轻劳动力数量下降，而且有很大一部分由于高校扩招接受了高等教育，导致未来就业取向改变而造成的。中国东南沿海的企业许多从事的是劳动密集型产业，它们需要年轻的、素质相对较低的体力劳动者，这样，它们必然会遭受到"民工荒"的袭击。目前中国农民工数量减少，一方面是由于激励力度不足导致农村剩余劳动力滞留在农村，另一方面是人口波动引起整体年轻劳动力数量减少，而且高等教育的分化作用使这些本已日趋减少的年轻劳动力的农民工进一步减少。这些现象的出现显然也不是"二元经济"模型所能描述和解释的情况了，用"刘易斯拐点"来解释"民工荒"现象只能是一种误读。

五、不重视农业的重要性

刘易斯二元经济结构理论没有注意到农业劳动力向工业部门流动有一个先决条件，那就是农业由于劳动生产率的提高而出现剩余产品。1960 年，罗斯托（Rostow）在《经济增长的阶段》中提出了主导部门的理论。他引入了主导部门的概念，认为各国在经济增长的不同阶段，国民经济结构中的不同部门的增长存在差异，不同主导部门可能在经济增长的不同角度相继作为增长的基本发动机。罗斯托在他的发展政策体系中提出，农业部门在工业化早期阶段可以作为经济增长的主导部门，大力发展农业，提高农业部门的劳动生产率，创造出更多的剩余产品，为工业化创造先决条件。

还应看到农业为迅速增加的人口提供粮食、为新生工业部门提供市场、为新主导部门提供资本和劳动力。可是刘易斯二元经济模型中将农业部门的作用过于简单化。后来拉尼斯（Lanis）和费景汉（Fei Jinghan）对刘易斯模型的这些缺陷进行了补充和改进，他们认为，在发展的早期阶段，农业生产的剩余随着农村剩余劳动力的转移而同时被转移到非农业部门并作为工业发展的资金来源。农业为工业部门的扩张，不但贡献劳动力，还提供了大量的剩余产品。正如拉尼斯和费景汉所认为的，加速工业化的国家，如果忽视了农业部门先行或至少是同时进行的革命，都将难以前行。

六、低工资视作比较优势的过度发挥

近几年来，中国进入了一个工资上涨的时间通道，工资上涨肯定会部分增加企业的劳动力成本，有许多学者由此担忧这会带来就业机会减少和失业问题。事实上，我们还应看到工资上涨的同时也会带来内需的增长，并通过产品需求的扩张引致劳动力需求的增加，也就带来就业机会的增加。而长期以来坚持农民工就是“廉价劳动力”和“比较优势”的观点是对农民工的文化歧视，更是用歧视逻辑来进行制度安排的不合理现象。将低工资完全等价于所谓的比较优势的传统观点是极端错误的。在未来相当长的时间里，促进就业、并提高工人工资仍将是中国经济发展面临的重要任务。让绝大多数人共享经济社会发展成果，是保持中国经济持续健康发展的长期目标。十七大报告也首次提出要提高劳动报酬在初次分配中的占比。那么如何改善收入初次分配、在初次收入分配中体现公平？工资上涨无疑应成为改善收入初次分配、促进中国经济转型的重要契机。

几年前就已引起关注的“民工荒”现象，随着中国经济地图的悄然改变，中西部也开始与东部争抢农民工。例如，在重庆，多家企业在各长途汽车站、火车站，通过拉横幅、发传单、现场咨询等各种方式做宣传，希望返乡过春节的农民工能在春节后留在重庆上班。更有机构承诺“不仅有充裕的工作岗位、有公租房、有收入的保障、子女入学等政策环境，还能照顾老人和子女，获得家的归属感”。与中西部地区积极挽留老乡相比，东部城市对农民工同样“求贤若渴”。劳动力资源日益紧缺，上述地区留住农民工的愿望可以理解，可要想真正留住农民工，最根本的一点是要积极落实公平工资福利观。所谓公平工资福利观，就是尽快告别“低福利时代”“包身工时代”，迎来“责任、权利和义务”相当的、与时俱进的“公平福利时代”。企业不能继续停留在吝啬和保守状态，应该义无反顾地承担起应有的责任，将企业利润让渡一部分给员工。

其实低工资对企业来讲是成本低，可是太低的工资难以激发出员工的工作热情，更是缺乏激励机制的表现，对企业的长远发展肯定不利。所以我们还应看到工资的增长机制的建立对员工的激励效果。20 世纪初，福特公司曾以每天 5 美元的日薪招聘工人，成为轰动美国的大事，因为那时美国工人的平均日薪才 2 美元。不少人认为福特公司会因高工资的拖累而倒闭破产，可是实际上福特公司蒸蒸日上，成为享誉全球的汽车大王。这其中的原因很简单，高工资极大地调动了工人的积极性，由此多创造的效益比福特付给他们的高工资要多得多。福特用一种“将欲取之，必先予之”的高瞻远瞩的经济目光将企业发展和劳动者的利益放到一个和谐、可持续的发展空间，从而取得了很大的成功。

国内很多企业与福特的长远眼光相比还非常短视。近年来农民工的收入情况才有所提高，可是幅度仍然不够大，企业还总想用很多理由来推卸他们应该承担的涨工资的责任。对劳动者权益的过分透支使得劳动者没有获得应有的经济尊严，无法拥有达观的工作心态和敬业精神，短期的“打工心态”使得企业出现危机时员工一点都不担心，何谈与企业同舟共济。“低收入—低教育投入—低技能—低收入”的恶性循环，培养不出敬业精神的员工，更留不住优质人力资源。“逐步提高居民收入在国民收入分配中的比重，提高劳动报酬在初次分配中的比重。着力提高低收入者收入，逐步提高扶贫标准和最低工资标准，建立企业职工工资正常增长机制和支付保障机制”，这些早已写入了十七大报告规定。我们迫切需要企业迈出坚实的第一步：相信外来工是讲感情的，只要企业能为员工提高应有的工资福利待遇、付出应有的关怀，员工肯定会回报企业，最终受益的还是企业。

七、二元结构中找不到“农民工”

“农民工”这个词太有创造性了，它恰如其分地描述了农村转移劳动力的身份特征，“工人” + “农民”：从就业的行业看，他们在城市非农产业务工，大多从事着与农业生产经营无关的工作；可是从身份看，他们的户籍、承包地、家庭、住房、财产等都在农村，他们的根留在农村。“农民工”显然是中国非农产业迅速发展与城镇化滞后的产物。根据第二次全国经济普查数据[①]：2008 年中国人均 GDP 为 3266.8 美元，非农产业增加值占 GDP 的 89.3%，城市化率为 45.7%；城镇常住 6.07 亿人口中包括 1.4 亿的农民工，实际城市化率只有 35%左右，比统计数据低了约 10 个百分点。根据经验其他国家在人均 GDP 为 3000 美元时，平均城市化率为 55%，日本和韩国是 75%，在同等人均收入水平下，中国城市化率明显偏低。中国城市化滞后，城市的集聚效应和辐射效应难以发挥，反过来也会制约工业化的进程。

再来分析刘易斯二元经济发展模型，从中找不到农民工这个概念。发达国家和其他发展中国家从农村到城市的劳动力转移是永久性的迁移，即农村劳动力从农业转移到城市非农产业成为城市稳定的产业工人和市民，不会再回到农村，也就是说这些转移者在实现职业转换的同时也实现了身份的转换。可是在中国并非完全意义上的人口自由流动，农村劳动力转移过程户籍制度实际上一分为二：第一步从农民到农民工，从农业到非农产业实现职业转换，经过较长的历史过程这一步基本上比较顺畅地实现了；第二步从农民工到市民，实现从农民到市民的身份属性转换，这一步步履维艰、任重道远，还没找到有效的途径。

这其中一个很大的原因就是中国城市户籍制度改革长时间停留在投资移民和技术移民层面，绝大多数农民工被排斥在城市户籍之外，落户的素质壁垒和经济壁垒对广大农民工来讲只能“望城兴叹”。目前不少省会城市落户要求农民工具有大专或大专以上文化程度，有的地方要求达到本科甚至研究

---

① 中华人民共和国国家统计局：《中华人民共和国2008 年国民经济和社会发展统计公报》，中央政府门户网站 www.gov.cn，2009 年2 月26 日。

生的文化程度。又由于农民工文化程度和技能水平低于城市平均水平，绝大多数农民工只能非正规就业，从而素质壁垒引发了经济壁垒。农民工在工资水平低下、“五险一金”或者“三险一金”普遍缺失甚至没有的情况下，凭微薄的收入根本无法在城市购买昂贵的住房，而城市建的廉租房和经济适用房不仅杯水车薪，还基本上没有他们的份。农民工身份转换困难与中国长期以来采取的城市偏向政策有关。虽然中国城乡分割的制度有所放松，但过程缓慢。城市政府基本上考虑本市居民的福利和权益，而农民工名正言顺地不予考虑，所以就业、居住、医疗、子女教育、社会保障等享受不到与城镇户籍人口平等的权利。

八、歪曲运用的结果是城乡差距持续扩大

刘易斯二元经济理论一直被推崇为指导发展中国家工业化的经典模式，中国在发展过程中遵循了这一理论模式。在城乡关系上，中国在改革前就采取了以牺牲农业推进工业化的做法，1950～1978 年期间通过剪刀差方式从农业取得了大约 5100 亿元。改革开放以后的 1979～1994 年这 15 年期间，国家通过新的剪刀差使农业向城市无偿贡献了大约 15000 亿元。在这种农村支援城市的偏向型政策下，城乡居民收入差距呈不断扩大的趋势。根据国家统计局统计资料计算，1997 年中国城乡居民收入比率为 2.47∶1，2003 年城乡居民收入比率为 3.23∶1，2007 年城乡居民收入比率达到 3.33∶1，2008 年城乡居民收入比率继续扩大为 3.36∶1，绝对差距超过 1 万元。在这一理论指导下，中国一直采取投资拉动型经济发展方式。1983 年以来，GDP 资本形成率都超过 30%，最高时达 45%左右，高于世界同期平均水平 20 个百分点。与高资本形成相对应，初次分配必然重资本而轻劳动，导致劳动的报酬相对于资本的报酬一直在下降，甚至农民工的工资 10 多年基本保持不变，直接后果就是劳动报酬在初次分配中比重的持续下降。1979～2005 年，中国 GDP 年均增长 9.6%，可是中国农村居民人均年纯收入增长率为 7%，这说明企业利润的大幅增加是以职工低收入，特别是人为压低农民工的收入为代价取得的。

实现工业化是发展中国家实现现代化必须完成的历史任务。工业化具体来说就应当是实现农民市民化、农业工业化、农村城镇化。也就是说工业化

的过程是城市化的过程，是减少城乡居民差距的过程。这一消灭的逻辑应当首先是让绝大多数的农民进入城市成为市民，然后才能对农业进行规模化、机械化的工业化改造，形成农村适当集中进而实现城镇化。那么，一国从农业国向工业国的转变，最核心的内容就是农村剩余劳动力向城市的转移。但农村剩余劳动力向城市转移的前提条件就是存在城乡收入差距，即在收入最大化的驱使下，农民从收入相对较低的农业部门转向收入相对较高的城市部门。城乡收入差距将伴随工业化过程，而消灭于工业化。至于这个差距究竟为多大才能引起农村剩余劳动力向城市部门的流动，刘易斯在二元经济理论中把它界定到维持生计的水平。正是在这样的理论指导下，好像将农民工的工资定在生存工资的水平是天经地义的、是理所当然的。它完全忽略了分配的公平性，农民工同它自己不转移出来相比是收入增加不少，可是与企业所得相比呢？与城市居民相比呢？而仍然将农民工看作是提供劳动的工具，至于年老体衰之后在哪安家，这不是一个模型可解决的。

第四节　赶超战略评析

一、赶超战略导致经济效率低下

赶超战略下的产业政策只注重支持资本密集型的产业，违背了中国要素禀赋结构，发展高科技产业的企业往往更多地使用了稀缺的资本而不是丰裕的劳动力，生产成本相对很高，企业得不到正常的利润，需要政府给予大量的补贴，这形成企业的预算软约束，造成资源的巨大浪费。还有政府为了扶持这些产业，经常人为压低利率，这很大程度上降低了储蓄的积极性，进一步导致资本的稀缺，导致整个经济发展的滞后，不仅不能实现缩小与发达国家经济发展差距的目标，反而会进一步拉大差距。更为严重的是，这样的产业政策往往扭曲要素市场价格，使得要素价格不能准确反映要素的相对稀缺程度，企业根据扭曲的价格选择与要素禀赋结构不适应的技术，这种价格信号的错误严重误导企业，而这样的企业发展的结果如果在市场经济条件下只能是破产倒闭，带来的只能是经济效率低下。

二、赶超战略造成农业落后和农民贫困

中国长期以来在赶超战略下，造成对农业和农村劳动力人力资本投资严重不足，直到今天我们还不得不为赶超战略所造成的农业落后、农民贫困、农民劳动力人力资本严重不足补课。赶超战略在计划经济时期主要体现为通过农产品价格剪刀差，把农村创造的巨额财富转移到城市、转移到工业部门。改革开放后，国家本应当及时通过国家政策、转移支付等，给农村、农业和农民补回这个巨额历史欠账，可实际上却在发展战略上继续实行赶超战略。这出现的宏观后果是，改革开放以来中国城乡居民收入差距不仅没有缩小，反而加速拉大。

另外，从中华人民共和国成立直到现在，农业产值比重长期不断下降，可是农业居民人口在全国总人口中的比重一直在75%以上，到2000年时，县级以下社会商品零售总额下降到占全社会商品零售总额的38.2%。从这些数据可以看出，农村和城市经济发展非常不平衡，农村和城镇居民收入分配存差距很大。农村居民收入的长期低下，使得广大农村消费市场长期低迷，这严重影响了农村居民自身对人力资本的投资，再加上长期以来教育资源、医疗资源严重偏向城市，政府对农村教育、医疗卫生投入严重不足，使得农村人力资本的数量很大，可是综合素质不高。而农村人力资本综合素质的低下更进一步意味着其只能获得更低的收入，这就又落入诸如“贫困陷阱”式的恶性循环。

三、赶超战略付出了沉重的资源环境代价

中国政府主导下的赶超战略的发展模式在很大程度上转变为高耗费的增长模式，在具体实行上成为全社会补贴工业化。从经济增长的来源看包括两个方面：一方面是生产要素的投入，例如劳动、资本、土地、能源和其他资源投入；TFP[①] 的提高。发展中国家推行赶超战略和提高工业品竞争力，在

---

① Total Factor Productive，TFP，是指生产要素配置及使用的生产率。

TFP 比较低的情况下，必然的选择就是加大对优先扶持发展的行业的生产要素的投入，具体表现为全社会资源补贴工业化。这里包含着工业化本身创造的价值的再投入和大量其他部门转移的价值。

工业化的竞争力来源于全国全部要素的管制低价格，由此形成“要素结构的严重扭曲”。在生产要素被人为压低的环境里，承担赶超任务的行业和企业不断获取这种“隐蔽的补贴”。企业占用的生产要素越多，“隐蔽的补贴”就越多，这也决定了中国粗放型经济增长模式的形成。粗放型经济增长模式的后果是效率低下，资源的严重浪费，例如，中国工业每万元产值的用水量高出发达国家 10 倍；2003 年，中国 GDP 约占全世界 GDP 的 4%，可是为此消耗的资源，包括原煤、原油、铁矿石、钢材、氧化铝、水泥等，分别约占世界消费量的 31%、7.4%、30%、27%、25%和 40%，资源消耗高出世界平均水平很多。中国自然资本的损失，具体包括能源耗竭、森林耗竭、二氧化碳排放量等占 GDP 的比重非常大，明显高于世界上其他资源生产大国和消费大国。

赶超战略使得中国的经济增长越来越制约于能源资源瓶颈。在国民经济三个产业中，我第二产业占到 GDP 的 50%以上，而第二产业特别是重工业的发展是以消耗大量的资源为代价的。在 1980～2000 年，中国完成了国内生产总值翻两番，按预期完成了中国经济发展的战略目标，可是这是以能源消耗也翻一番来实现的。在这一发展过程中，经济增长中 95%的能源和 85%的原材料都来源于矿物资源，而中国绝大多数矿产资源的人均拥有量明显低于世界平均水平。按照目前的经济增长消耗预测，中国能源资源将难以再支持中国经济的可持续发展。所以赶超战略的实施在很大程度上是透支了未来发展的资源。

第五节　比较优势理论评析

一、比较优势理论在中国改革开放初期的积极作用

比较优势理论提出来后得到不断发展。从传统的比较优势理论来分析，

主要是分析各个国家的经济要素的比重结构，分析的内容主要是三个方面：各国拥有的资本量；各国拥有的劳动力；各国的自然资源。比较优势的逻辑是这样的，如果一个国家劳动力多，资本相对少，则应发展劳动力相对密集的产业，生产劳动力相对密集的产品，用劳动力相对密集的技术。相反的，如果资本丰富，劳动力相对少，就应该发展资本密集产业，生产资本比较密集的产品，用资本比较密集的技术。自然资源相对另外两种要素禀赋的决策思路是一样的。新发展的比较优势理论则认为，如果存在规模经济，那么两国可以选择不同的专业，从而产生内生的绝对优势。赫尔普曼（Herman）和克鲁格曼（Paul Krugman）建立了一个基于规模经济的垄断竞争模型，该模型基于自由进入和平均成本定价，将产品多样性的数目视为由规模报酬和市场规模之间的相互作用内生决定。

中国经济的高速增长，成为拉动许多国家经济增长的原动力。自 1978 年底中国开始改革开放以来，取得了巨大的经济发展成就。1978 ~2004 年间，中国 GDP 年均增长达到9.4%，2004 年 GDP 的规模为1978 年的10.3 倍，而世界同期的年均 GDP 增长率仅为2.8%；中国国际贸易年均增长 16.7%，贸易规模增长 56 倍，进出口额由 1978 年的 206.4 亿美元增长到 2004 年的 11547 亿美元，同期贸易依存度由 9.5%增长到69.3%；中国的发展对居民生活水平的提高做出了巨大的贡献。这很大程度上是由于改革开放以来调整了经济发展战略所带来的成果。改革开放前主要采取了赶超战略，造成了一系列的后果：赶超战略导致经济效率低下；赶超战略造成农业落后和农民贫困；赶超战略付出了沉重的资源环境代价。改革开放后，中国采取了比较优势战略，利用要素结构中的劳动力丰富的比较优势，大力发展外向型经济，很快提高了经济发展水平。在经济发展的过程中，采取了一系列的鼓励农村剩余劳动力的政策和措施，同时农村转移劳动力也从城市获得了更多的收入。当然，出于经济转型过程中特殊问题的考虑，例如社会稳定、公共资源有限等，依然实行城乡分割的户籍管理制度。这同计划经济时期相比不能不说是一个巨大的进步，农民工这种过渡性质的产物有其积极进步的一面。问题是何时休？

二、比较优势理论在中国变成了长期人为压低劳动报酬

比较优势论隐含地假定了需求给定，并在此情况下通过对廉价劳动力的

充分利用来加速资本积累，这在很大程度上给宏观经济政策产生了误导。发展中国家基本都把廉价劳动力资源看作加速资本积累的最有效途径，劳动力成本的上升自然而然就被视为对经济持续发展的重大威胁。同时，发展中国家政府都存在着强烈的政府主导发展欲望，这就出现了政府出于保持经济发展动力的初衷，采取人为压低劳动报酬，也就是比较优势战略被过度推进的情形。对劳动力报酬的人为压低必然压低居民收入水平和增长速度，使得国内需求受到抑制。这样一来，出口就成为保持经济增长的重要手段，一旦出口受阻，劳动力低成本所形成的国内居民收入低，将造成国内消费水平过低，投资引诱不足，经济增长乏力。事实上，这些理论分析都有一些的国际实例加以佐证。从被林毅夫等奉为遵循比较优势发展战略楷模的“亚洲四小龙”来看，大量的文献研究就揭示了这样的现象：这些国家或地区在二战之后的高速发展年代里，竟然相当普遍、而且是不约而同地出现过政府干预劳动市场、人为压低劳动力成本以谋求促进经济发展的情形。

三、比较优势理论可能导致全球价值链中贸易利益受损

在全球价值链分工体系中，如果参与国平均生产成本降低，只是意味着该国可以从全球价值链的国际分工中获益，但并不意味着所有参与国最终都能获益。原因是从全球价值链分工来看，既有“分工利益”，又有“贸易利益”。当参与国在分工中获取了“分工利益”，可是其“贸易利益”却受损，就不能认定该国一定能从全球价值链分工中获益。在全球价值链分工中，价值链的各个环节在整个产品价值链中占的价格比重不同，参与国从承担的产品价值链环节中获得的增值肯定有差异。在价值链分工体系中，最发达国家往往处于主导地位，发展中国家则处于从属的位置，分工后的价值链环节在整个产品中所占的价格比重同各国的付出相比会产生不平衡，这种不平衡称为全球价值链分工上的“价格倾斜”。

这样，分工后的利益分配肯定会出现向处于主导地位的国家利益倾斜的现象。这一“价格倾斜”对发展中国家带来的实际利益如何，具体要看“价格倾斜”的程度。如果“价格倾斜”度过大，在分工中处于从属地位的国家在价值链分工中所获取的“分工利益”就会被处于主导地位国家凭借分

工优势在贸易中挤占。换句话说，有些国家虽然从全球价值链分工中可以获得“分工利益”，但是却在相伴生的贸易利益中受损。参与国是否最终能从全球价值链分工中获利，最终要比较“分工利益”和“贸易损失”二者孰大孰小。所以建立在不主要依靠内需而实行“出口导向型”的依靠外需的战略，其基础是比较优势理论，而后果是国内居民的收入偏低，而对外贸易的利益不一定有保证。

| 第六章 |

低成本战略下的城乡差距

第一节　对有关收入分配差距变动理论解释的不同看法

一、对库茨涅茨倒“U”形曲线的不同看法

（一）以美国为例

如图6-1所示，从美国90年的时间跨度来看，大家看到的不再是库兹尼茨倒“U”形曲线，而是正“U”形曲线（杨春学，2013）。就平均值来说，20世纪20年代，收入最高的10%群体占总收入的比例为43.6%；1929年达到最严重的程度，接近50%；1929年之后急剧缩小，到1944年达到最低，约占32.5%；之后的50~70年代延续着缩小的趋势并趋于平稳。可是从1980年开始，收入不均等的现象再次加剧，收入最高的10%群体占总收入的比例2005年达到44.20%；2007年更高达50%，这回到了与1929年大致相同的状态。

美国10%的高收入者收入分布为什么会呈正“U”形曲线呢？宏观经济政策的变化是根本原因。从收入政策考察的角度来看：对公司利润征收的联邦税平均税率从1929年的14%弱上升到1955年的45%强；房地产遗产税率的最高税率从20%连续升到45%、60%、70%，最终达到77%；“里根革命”之后，这些税率也开始了一个连续降低的进程，1979~2006年，公司所

得税税率从49%降为35%，资本收益最高税率从28%降为15%。正是这些宏观经济政策的变化导致了美国的收入分配状况的变化。

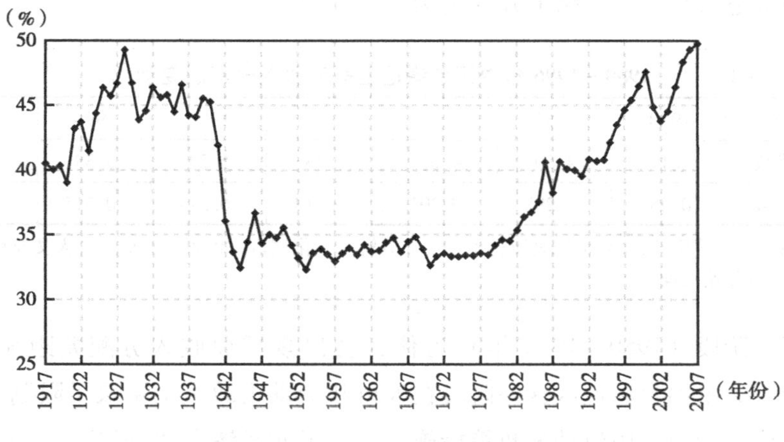

图6-1　美国90年来收入最高的10%家庭收入比重分布

(二) 以中国台湾地区为例

中国台湾地区在1950~1980年整个30年间，是由一个农业社会转变为工业化社会的关键时期。根据主流经济理论，尤其是套用库茨涅茨的倒"U"形理论，发展中国家和地区在这一经济起飞的时期必然伴随着居民收入分配状况的恶化。可是在中国台湾地区，经济的长期持续增长所带来的并不是居民收入分配差距的不断扩大；而是相反，居民收入分配的差距在总体上逐渐缩小，并且在1980年达到台湾历史上分配差距下降的最低水平（见表6-1）。

表6-1　　1950~1980年中国台湾地区收入差距的变化

年份	1953	1954	1964	1966	1968	1970	1972	1974	1976	1977	1978	1979	1980
基尼系数	0.56	0.44	0.32	0.32	0.33	0.29	0.29	0.29	0.28	0.28	0.29	0.29	0.28
大岛指数	20.5	8.95	5.33	5.25	5.28	4.58	4.49	4.37	4.18	4.21	4.18	4.34	4.17

资料来源：台湾（个人所得分配调查报告）（历年）。

不过从1980年开始，中国台湾地区的居民收入差距不断下降的势头开始转向，出现了逐渐上升的过程。根据估计，中国台湾地区的家庭收入的大岛指数从1980年的4.17倍上升到了1996年的5.38倍。再根据曹添旺教授运用有关资料所作的估算，从1980年开始反映中国台湾地区家庭收入平等状况的基尼系数也是一路上升（见表6-2）。

表6-2　　1980~1996年中国台湾地区家庭收入分配的变动

年份	1980	1985	1987	1990	1992	1994	1996
大岛指数	4.17	4.50	4.69	5.18	5.24	5.38	5.38
基尼系数	0.284	0.298	0.305	0.313	0.314	0.315	

资料来源：曹添旺：《台湾家庭所得不均度的分解与变化试析，1980~1993》，(人文及社会科学集刊)，第八卷第二期。①

第一阶段（1950~1980年）为什么会出现居民收入分配差距缩小呢，主要是因为中国台湾地区这一阶段在人口和劳动力政策上采取了限制人口增长和允许劳动力自由流动的政策措施，产生了使经济中“分红”者减少和通过市场机制有效改善分配的良好效果。台湾地区在户口管理上实行的是“登记制”而不是“限额制”，更不是中国的“身份属性制”，即只要任何一个人找到了住处和工作，就可以登记为当地的居民。劳动力就业的行业和工种也没有采取地区人口的限制。这样，劳动力市场就没有自由进人的障碍，劳动力可以根据劳动力市场的供求情况自由流动，从而选择较高收入的工作。这样存在工资差别，低工资的人就会同高工资的人进行工作竞争，使得高低工资差距缩小。结果是经济效率提高、分配状况改善。

第二阶段（1980年之后）为什么又会出现居民收入分配差距的扩大呢，主要原因有两点：第一个原因是，台湾地区经济已经发展起来之后，高收入家庭的储蓄率通常要高于低收入家庭，从而导致前者的财产性收入增长明显快于后者；还有一个原因就是台湾地区资本市场不健全使得高收入者可以利用较大资本额优势和充分的市场信息在金融市场上谋取更大的收益，而低收入者却不能。其结果表现为高收入家庭的资产报酬率比低收入家庭平均高出1.86倍，且不断上升。但是，自1993年以来，居民收入分配的差距并没有

① 所谓“大岛指数”，是社会学家用来分析社会收入差距的指标体系，其方法是把整个社会的居民根据收入多少分为五等，拿其中20%高收入者的收入同20%最低收入者的收入进行对比。这种方法虽然不及大家熟悉的基尼系数和泰尔系数精确，却相对简便易行，还可以避免由拟合收入分配函数造成的误差。

像一般分析所预测的那样再扩大，反而有所下降，其中一个十分重要的原因就是台湾当局政策主管机构采取的社会福利政策及税收政策切实起了收入再分配的作用。

二、对“0.4的警戒线”的不同看法

国际上居民收入差距是否合理的一般衡量标准为：基尼系数在0.2以下意味着绝对平均；0.2~0.3说明比较平均；0.3~0.4表示较为合理，0.4~0.5说明差距较大；0.5以上被认为是差距悬殊。而国际上公认将0.4为作为警戒线，这一结论也被中国学术界所接受。对于中国基尼系数的判断，世界银行和中国社科院估算1995年为0.445，李强估算1996年为0.458，陈宗胜估算1994年为0.436，1997年为0.403。中国国家统计局根据有关的调查数据测算的结果为：1990年全国基尼系数为0.343、1995年为0.389、1999年时达到0.397、2000年时为0.417。

根据上述不同部门估计的数据，中国在20世纪90年代初衡量全国居民收入差距的基尼系数就已越过0.4的警戒线。2013年1月国家统计局才公布了近10年来的基尼系数，数据显示中国的基尼系数已接近0.5，而民间和国际估算的基尼系数都已超过了0.5，例如，西南财经大学中国家庭金融调查中心根据有关数据资料估计的基尼系数已超过0.6。如果0.4可以作为警戒线，何以长达20年收入差距超过警戒线，而没有出现大的社会动荡。从国际来看，美国和新西兰这两个国家的基尼系数都已超过0.4，比其他许多发达国家都要高，我们不能据此推断这两个国家一定比其他发达国家更不稳定，还有一些发展中国家的基尼系数低于0.4，可是这些国家社会动荡、人民生活水平低下（见表6－3）。

表6－3　　部分国家和地区基尼系数

国家和地区	年份	基尼系数	国家和地区	年份	基尼系数
中国内地	2005	0.42	尼日利亚	2004	0.43
中国香港	1996	0.43	南非	2000	0.58
孟加拉国	2005	0.31	加拿大	2000	0.33

续表

国家和地区	年份	基尼系数	国家和地区	年份	基尼系数
柬埔寨	2007	0.44	墨西哥	2008	0.52
印度	2005	0.37	美国	2000	0.41
印度尼西亚	2007	0.38	阿根廷	2006	0.49
伊朗	2005	0.38	巴西	2007	0.55
以色列	2001	0.39	委内瑞拉	2006	0.43
日本	1993	0.25	捷克	1996	0.26
哈萨克斯坦	2007	0.31	法国	1995	0.33
韩国	1998	0.32	德国	2000	0.28
老挝	2003	0.33	意大利	2000	0.36
马来西亚	2004	0.38	荷兰	1999	0.31
蒙古	2008	0.37	波兰	2005	0.35
巴基斯坦	2005	0.31	俄罗斯联邦	2007	0.44
菲律宾	2006	0.44	西班牙	2000	0.35
新加坡	1998	0.42	土耳其	2006	0.41
斯里兰卡	2002	0.41	乌克兰	2008	0.28
泰国	2004	0.42	英国	1999	0.36
越南	2006	0.38	澳大利亚	1994	0.35
埃及	2005	0.32	新西兰	1997	0.36

资料来源：世界银行 WDI 数据库。

由此看来，基尼系数作为衡量收入分配差距的一个指标，只是揭示了收入分配差距可货币化比较的数量差距问题，而没有反映收入分配差距可能带来的综合问题。其实研究收入分配差距除了要关注表面差距之外，更要分析影响居民对收入分配差距容忍度的其他因素和变量。本书认为居民对收入分配差距容忍度可以用一个收入分配期望来衡量，这一变量又取决于收入分配差距和经济发展水平。用模型描述为：收入分配期望 = 经济发展水平/收入分配差距，模型中经济发展水平变量可再细分为经济增长和主观幸福感两个变量。根据这一模型可以得出如下结论：收入分配期望和经济发展水平成正比，与收入分配差距成反比；社会之所以容忍比较大的收入差距是由于比较好的经济发展水平，或比较高的经济增长和主观幸福感。在当前这种情况下，随着中国经济增长速度的大幅回落，收入分配期望会随之降低，人们对收入分配差距的容忍度也会降低。

第二节　宏观经济政策目标与城乡差距

一、理论研究误导宏观经济政策

在中国居民收入分配差距的成因与演变研究方面，学术界普遍从微观层面，或者说从市场经济运行的过程中去寻找原因，例如，从城市化进程、职业选择、人力资本投资、工资角度、劳动力的素质差异、资本流动等角度来分析。实际上，市场经济不存在收入分配的自动调节机制，市场经济运行的过程中必然会出现居民收入差距扩大的现象。而这种收入分配差距扩大体现为正负两个方面的效应：正效应主要体现为激励效应，能促使经济效率提高；而负效应主要表现为广大低收入居民购买力下降，需求不足，制约经济的增长。居民收入差距合理就是指正效应要大于负效应。对于居民收入差距的扩大，应分为三个小层次来对待：第一层次是有利于提高效率的激励部分，这部分是属于克服平均主义的成果，应该肯定；第二层次是经济改革所必须付出的代价，在收入分配改革只能采取双轨制的渐进方式，从而出现利用双轨制进行“寻租”活动等；第三层次是过高的、应该防止和避免的代价，如转轨过程中的“设租”活动是可以避免的。针对收入分配差距，有效的宏观调控至少包括三个层面：分配起点的调控、分配过程的调控以及分配结果的调控。对分配起点进行调控，是指生产要素的所有者在进入分配过程之前的状况尽可能地平等；分配过程调控的是相同的要素得到相同的回报率，要素的价格由市场确定，使“一价法则”得到贯彻，同时要素能充分流动，实现优化配置；分配结果的调控主要包括税收调节、转移支付、社会保障等事后由一国政府所采取的收入再分配手段。

在收入分配差距的研究方面，应该将研究的视角转向宏观层面，通过分析形成收入分配差距的深层原因，发现调解收入分配差距过大或不合理的方法只能是重新审视低成本的经济增长战略以及在这一战略指导之下的宏观经济政策。在收入分配差距的分析中，不仅应进行总体分析，还应进行结构分析。改革开放以来，尤其是进入20世纪90年代以来，中国采取了一些偏颇的甚至是错误的宏观经济政策，这导致收入分配差距越来越大。在过去较长的时期内，中国在赶超战略的指引下，过度运用李嘉图的比较优势理论，这为不合理的收入分配结构埋下了伏笔。例如，从小分配的角度讲，地区差距的拉大就是在优先发展东部沿海地区的宏观经济政策的促使下造成的，当东部地区已经获得很大的发展后，又提出经济增长速度要合理，要注意资源环境约束，这为本已发展空间狭小的西部地区增加了许多的限制，造成西部地区发展的难度加大；而城乡差距方面，对农业方面虽然有很大的扶持和优惠措施，但在农产品的价格方面更多的是限制，农产品长期保持较低的价格水平，农业收入偏低；在行业差距方面，对一些垄断型的大企业，长期采取扶持的政策，在经济过冷时，给予更多的融资优惠，而在经济过热时，信贷紧缩的矛头直指中小企业，这造成一些竞争性的中小企业经营困难、收入下降。

从中国的现状看，解决中国居民收入分配差距的途径就是采取正确的宏观经济政策。在城乡居民收入差距方面，应实施农民工的城镇化，而不是房地产的城镇化，随着农村人员的转移，剩余人员的人均资源占有量自然提高，那么收入就会增长。如果说要将中国居民的收入差距调控到合理的范围之内，从小分配角度看，袁钢明（2000）认为，就收入分配改革来讲，应坚持“控高、扩中和提低”的政策方针，控高主要要规范公务员津贴补贴、防止公务员灰色收入过高，消除社会不公现象；对于提低，中国应该坚定不移地提高劳动者收入，提高劳动者收入才能提高居民消费需求，扩大消费需求是支持中国经济持续增长的主要力量。中国经济现已进入新的发展阶段，再继续依靠政策压低劳动者收入来进行发展很危险，现在应该支持劳动力成本提高的变化，包括农民收入、农民工收入都应得到相应提高，劳动力成本提高后中国制造业才能实现转型。从大分配的角度讲，袁钢明（2000）指出，国家收入分配不合理就是在于财政收入、政府收入比重增加太快，而居民收入比重不断在下落，只有改变这一不合理的收入分配格局，中国经济才能得到良性发展。

二、低成本战略下的政策目标导致城乡差距

宏观经济的研究视角不能忽略从需求角度来研究宏观问题，没有需求的持续增长，宏观经济整体无法保持健康、持续运转状态。近年来，无论是国内学术界还是国外学术界，对宏观经济研究侧重于长期因素的考察，认为经济增长是生产函数的改善。事实上这种分析对于较长时期跨度可能具有一定的研究价值，但对于较短时期的宏观经济问题研究而言，缺乏更有效的指导。就宏观调控而言，要处理的经济问题基本上是短期问题，在短期内生产函数变化不大，产生宏观经济波动的只能是需求方面。因此，宏观问题的研究只能从短期问题、从需求方入手，供给方的分析只能作为辅助研究。从需求方研究问题，就是要重视消费和投资的增长，而消费作为最终需求，对投资增长也具有拉动作用，从而对经济的长期稳定增长尤为重要。

从这一角度出发，就业、收入、消费等问题就应成为宏观经济的中心问题。可是这在一定程度上与央行的宏观经济政策目标选择产生了冲突。央行货币政策的首要目标是防范通货膨胀。短期内为控制通货膨胀，其代价均是就业机会的大量减少、使失业加重，并导致中长期经济增长速度放缓。低收入者，特别是非熟练工人（大部分群体为农民工），将承受更多的反通货膨胀带来的代价。例如 2008 年中国的货币政策，宏观调控以反通胀为主要目标，实行了紧缩的货币政策，后果是造成了大量的农民工返乡，据官方统计，当年返乡农民工达到 2000 万人之多，失业率飙升至 4.2%，为近几年来的新高（见表 6-4）。如果容忍一定的通货膨胀，把通胀控制在可容忍、可控制的范围内，或者紧缩力度再小一点，缓慢地降低价格上涨压力，就业的状况或许会是另一种情景。

宏观调控目标中的劳动力工资的成本论。很多学者甚至官方都把低廉的劳动力作为中国经济长期快速增长的源泉，长期以来，劳动力价格的低廉已是一个世界公认的事实。这其中有经典的理论作为指导，“比较优势”理论早就指出，各国只有充分利用自身资源禀赋丰富的要素，才能创造本国产品的竞争力，在国际贸易中获得国际分工利益。在这种思想的主导

下，中国害怕劳动力价格上涨、害怕“刘易斯拐点”的过早出现就成为宏观经济政策的价值取向。劳动力价格的低廉往往被学者或有关政策制定部门解释为劳动力供大于求，低工资是市场供求作用的结果。如果贸然提高工人工资，将导致企业更少地使用劳动力，引发失业率上升，最终受损害的是劳动力本身。

表 6-4　　　　1978～2008 年中国就业、失业统计

年份	就业总数（万人）	按城乡分		按产业分			失业人员（万人）	失业率（%）
		城镇（万人）	乡村（万人）	第一产业（万人）	第二产业（万人）	第三产业（万人）		
1978	40152	9514	30638	28318	6945	4890	530.0	5.3
1979	41024	9999	31025	28634	7214	5177	567.6	5.4
1980	42361	10525	31836	29122	7707	5532	541.5	4.9
1981	43725	11053	32672	29777	8003	5945	439.5	3.8
1982	45295	11428	33867	30859	8346	6090	379.4	3.2
1983	46436	11746	34690	31151	8679	6606	271.4	2.3
1984	48197	12229	35968	30868	9590	7739	235.7	1.9
1985	49873	12808	37065	31130	10384	8359	238.5	1.8
1986	51282	13292	37990	31254	11216	8811	264.4	2.0
1987	52783	13783	39000	31663	11726	9395	276.6	2.0
1988	54334	14267	40067	32249	12152	9933	296.2	2.0
1989	55329	14390	40939	33225	11976	10129	377.9	2.6
1990	64749	17041	47708	38914	13856	11979	383.2	2.5
1991	65491	17465	48026	39098	14015	12378	352.2	2.3
1992	66152	17861	48291	38699	14355	13098	363.9	2.3
1993	66808	18262	48546	37680	14965	14163	420.1	2.6
1994	67455	18653	48802	36628	15312	15515	476.4	2.8
1995	68065	19040	49025	35530	15655	16880	519.6	2.9
1996	68950	19922	49028	34820	16203	17927	552.8	3.0
1997	69820	20781	49039	34840	16547	18432	576.8	3.1
1998	70637	21616	49021	35177	16600	18860	571.0	3.1

续表

年份	就业总数（万人）	按城乡分		按产业分			失业人员（万人）	失业率（%）
		城镇（万人）	乡村（万人）	第一产业（万人）	第二产业（万人）	第三产业（万人）		
1999	71394	22412	48982	35768	16421	19205	575.0	3.1
2000	72085	23151	48934	36043	16219	19823	595.0	3.1
2001	73025	23940	49085	36513	16284	20228	681.0	3.6
2002	73740	24780	48960	36870	15780	21090	770.0	4.0
2003	74432	25639	48793	36546	16077	21809	800.0	4.3
2004	75200	26476	48724	35269	16920	23011	827.0	4.2
2005	75825	27331	48494	33970	18084	23771	839.0	4.2
2006	76400	28310	48090	32561	19225	24614	847.0	4.1
2007	76990	29350	47640	31444	20629	24917	830.0	4.0
2008	77480	30210	47270	30654	21109	25717	886	4.2

资料来源：国家统计局。

宏观政策实践中往往过度偏重投资需求拉动经济增长的作用。因为不愿提高劳动力工资的调控思路的延续，在出口下滑的情况下又要保证经济快速增长，内需在缺乏居民收入支撑的情况下填补的重任必然落到投资上。在解释投资来拉动内需的理论时，学者们一般用凯恩斯主义的政府投资论来分析，他们认为投资拉动是快速刺激经济增长的好办法，而消费的调整要面临收入结构调整，这需要一个长期的过程。收入分配结构的调整的确是一个缓慢的过程，对于宏观调控而言过于漫长。可是如果政府能将投资的资金抽出部分以转移支付的方式用于扩大居民消费，我们很快就能看到立竿见影的效果。

第三节　低成本战略与城乡差距

一、低成本战略下的劳动占比下降

李周等（1999）认为，在推行赶超战略所建立起来的资源配置机制、宏观相对价格和微观决策权相结合的“三位一体”制度框架内，劳动者没有工作选择权，更别提获得什么议价能力，这导致劳动报酬被人为控制在极低的水平上。总体来说，城镇部门代表着国家优先发展的部门，城镇居民劳动报酬和收入水平高于农村居民，可是根据袁志刚等的研究，1984 年以前，中国国有工业部门的职工实际工资也一直是被压制在低于劳动边际生产率的水平上。① 由于低收入的制约，消费结构长期不合理，消费总水平非常低，在总消费中食品消费几乎占了城镇居民消费支出的 60% 以上，而这一比例对收入水平更低的农村居民则更高。

与赶超战略扭曲形成对照，通过比较优势战略来实现工业化不需要政府通过人为扭曲来推进②，该战略认为，发展中国家应当根据本国要素禀赋结构来发展比较优势产业，这样可以获得最丰厚的利润，加快资本积累。伴随着资本积累，要素禀赋结构就会得到改善，使得资本稀缺问题逐步缓解，资本密集型工业部门就能够不断成长起来。就发展中国家资本稀缺、劳动力丰富的现实来说，发展劳动密集型产业好像是比较优势战略所应选择的合理发展路径。由于比较优势产业一般都具备“自生能力”，通过要素市场扭曲来推动其发展就是不必要的。在要素市场，特别是劳动力市场不存在人为扭曲的情况下，城镇工业的发展会不断地吸引劳动力从农村流向城镇；随着农村人口的不断流出，农业劳动力的边际产出和农民收入会不断提高。在此过程中，城镇工业的发展会造成劳动力相对短缺，以及农村劳动力流出带来的农民收入提高，都会使劳动者的谈判能力不断增强。李周等还认为，随着资本积累、产业和技术升级以及劳动边际生产力的提高，所有劳动者的收入都会不断增加，并最终会实现收入的相对公平分配③。

可是，问题是中国的经济增长是建立在三驾马车中的投资和外需上的，比较优势的最终选择也是靠廉价劳动力，这导致在收入分配结构方面，国民收入分配重点向资本收益和政府倾斜。在资本短缺的情况下，各地区为实现高增长，竞相提出各类优惠政策来吸引外资，造成资本要素报酬偏高，劳动、土地等要素报酬偏低；本国要素包括劳动、土地、银行利息、环境的报

①②③ 袁志刚和宋铮：《城镇居民消费行为变异与中国经济增长》，载《经济研究》，1999 年第 11 期，第 20 – 28 页。

酬偏低，而国外要素报酬偏高。劳动收入份额和收入差距有相关关系。在收入分配结构中，国民收入分配向资本所有者倾斜，必然带来劳动者报酬所占份额不断下降。资本收入增长过快，劳动收入增长缓慢也就造成居民收入差距的主要原因。统计资料显示：1990～2005 年，企业营业余额占 GDP 比例从 21.9% 增加到 29.6%；而同期劳动者报酬占 GDP 的比例却下降了 12%。其中，1996 年劳动者报酬在总产值（GDP）中占 52.2%；2002 年和 2003 年下降为 50.5% 和 49.8%，2005 年、2006 年分别降为 44.5%、44%。另外，政府财政收入占 GDP 的比重自 1996 年起持续提高。2007 年财政收入占 GDP 的比重已超过 20%，比 1998 年提高了 8 个百分点。

二、低成本战略下的身份歧视

中国市场准入大小在很大程度上由劳动力流动性是否存在障碍决定，如果地区间劳动力流动是完全无障碍的，那么，各地区之间的市场准入水平是相同的，地区间工资就应当保持相同。可事实上，无论是文化习惯、社会网络，还是地方政府的制度安排，劳动力跨区域流动障碍重重，最突出的问题是在沿海地区，农民工养老、子女入学、医疗保障等都受到当地政府的歧视。这些社会保障和社会福利受益者只能是当地居民。这种劳动力流动因户籍制度、农地制度改革滞后等因素而很不通畅，从而导致沿海地区的市场准入水平一直很高；同时，沿海地区内部早期蕴藏的丰富的农村劳动力，随着工业化的快速推进，已不再是无限的供给。在这两个因素共同作用下，导致沿海地区已经出现了“农民工短缺”或“劳动力短缺”现象。许多学者所认为的现阶段中国处于“刘易斯拐点”阶段仅是表面现象，更进一步说，劳动力跨区域流动障碍是造成沿海地区劳动力短缺的重要原因，“刘易斯拐点”实质上是市场分割的宏观经济政策引起的。

在市场分割的宏观经济政策的作用下，中国社会中存在三个“二元结构”，这对中国居民收入分配产生了重要影响。这三个“二元结构”是：城乡二元结构、城市户口和非本地居民户口的二元结构、国有体制内和体制外的二元结构。这三个“二元结构”有一个共同特点，那就是“身份”成为决定不同身份居民收入水平的关键因素。在这三个“二元结构”中的农村居民、非本地居民户口的居民、国有体制内的居民明显地获得了二元结构中另外一种身份的居民的收入，而且不管是相对量还是绝对量的收入差距都非常的巨大。那么，只有打破了“二元结构”的枉桔，收入分配问题才有望真正得到解决。因为这三个“二元结构”对居民收入分配产生如下重要影响：扩大了居民收入分配差距；强化了居民收入差距的刚性；增强了收入分配的“身份”特征和可继承性，也就是居民收入的代际的传导性，而且这种身份特征和可继承性日益明显。

三、低成本战略下的宏观经济政策逆调节与城乡差距

政府通过税收和转移支付这两个途径来实现收入再分配上的功能。税收的对象主要应当是高收入群体，而转移支付的对象主要应当是低收入群体。政府通过这两个手段进行收入再分配，发挥的是缩小居民收入差距的功能，也就是应当起“抽肥补瘦”的作用。但在中国的宏观经济政策的实践中却存在大量的“抽瘦补肥”的现象，专业的术语叫“逆向再分配”。所谓“逆向再分配”，就是政府通过税收和转移支付这些再分配手段不仅没缩小居民收入差距，而是扩大了收入差距，不是起到了“抽肥补瘦”的作用，而是起到了“抽瘦补肥”的作用。中国城乡居民之间收入差距过大以及社会保障资源在城乡之间分布的不平衡，在一定程度上就是这种“逆向再分配”的结果。① 宏观经济政策应当确立“适度再分配”的理念，既要防止再分配不足，又要防止再分配过度。再分配不足不利于缩小居民收入差距，从而不利于社会的和谐与稳定；再分配过度同样有一系列负面的影响，它不利于人们的工作积极性，不利于经济效率的提高，也不利于社会的和谐与稳定。

中国城乡居民差距持续扩大。无论是中国社会科学院经济研究所调查得出的数据还是国家统计部门发布的信息，都反映了一个共同的趋势，那就是中国居民城乡收入差距都在持续扩大（李昌明、王彬彬，2010）。中国城乡居民收入差距分为三个阶段：第一个阶段（1978～1984 年），城乡居民收入

---

① 杨迎军、程丽红：《谈中国居民收入分配布局中的“劫贫济富”现象》，载《经济研究导刊》，2013 年第 12 期，第 3－5 页。

差距缩小阶段，城乡居民收入差距从 1978 年的 2.57∶1 缩小到 1984 年的 1.71∶1；第二阶段（1985～2000 年），城乡居民差距相对稳定阶段，15 年间城乡居民收入差距保持在 2.186∶1 左右；第三个阶段（2001～2008 年），城乡居民收入差距不断扩大阶段，8 年间城乡居民收入差距扩大到 3.33∶1。而且，近年来，这种城乡居民收入差距的扩大还在继续。

国外大多数国家的城乡居民收入差距在 1.5∶1 左右，发展中国家的城乡收入差距为 1.7∶1 左右。从中国改革开放后 30 年的发展来看，根据中国的国情，城乡居民收入差距能控制在 2∶1 之内比较适宜。资料显示，2008 年西部 12 个省市区城乡居民收入差距，没有一个省在 3∶1 之内。究其原因，是因为中国长期以来是一个二元经济国家，有两个特点：第一个特点是商品经济不发达，货币化程度低，经济的同质性差，价格确定中人为控制因素占有很大比重；第二个特点是中国面临工业化任务，资金短缺。这两点使得中国在发展之初倾向于依靠国内积累，主要又是通过农业税和工农业产品价格剪刀差去筹集资金，把农业所创造的价值的很大一部分无偿转移给工业。黄泰岩根据其研究估计，1950～1978 年通过剪刀差从农业取得了大约 5100 亿元；而改革开放以后的 1979～1994 年 15 年间，国家通过新的剪刀差使农业向城市无偿贡献了大约 15000 亿元。

陈星（2009）将 1978～2005 年分为两个阶段，分别对农业剩余劳动力与农民收入的关系做了格兰杰因果检验，并进行了回归分析。研究得出如下结论：第一阶段（1978～1992 年），中国农业剩余劳动力与农民收入存在正相关关系；第二阶段（1993～2005 年），农业剩余劳动力与农民收入存在负相关关系。前一阶段的正相关是由于中国在农村实行家庭联产承包制，这在很大程度上释放了农村巨大的活力；而后一阶段的负相关则是由于继续推行的城乡分割的宏观经济政策所造成。虽然 21 世纪以来农民工的工资也在提高，但这与他们对城市所作的贡献相比，其工资的上涨远远不够，城市倾斜的政策从农民工身上获得了更多的剩余。特别是一些国有企事业单位，他们聘用了大量的农民工，同等的工作岗位，其工资待遇不到体制内职工的 30%。与此同时，农民工还在就业服务、社会保障和子女教育方面遭受不公正的待遇。这些共同造成了城乡居民收入差距的扩大。

第四节　低成本战略下城乡差距扩大的宏观后果分析

一、城乡差距下的地区差距错综复杂

城乡居民收入差距、地区差距扩大等结构性矛盾，与市场化进程不平衡、改革不到位、不协调有关的问题非常多，主要体现为：农村剩余劳动力还继续受到传统户籍制度管理的限制；农村转移劳动力在就业、收入及社会保障方面得不到平等的待遇；农村经济在很多方面仍受到计划经济方式的控制，与农村经济相适应的民间金融受到限制；中西部地区没有实行与东部地区一样的市场化激励措施，在政策上也没有享受到当初东部地区的待遇，甚至上交中央的税收比重还较高；中西部地区的地方经济自主权较小，矿产资源开发利用的地方参与度低，甚至还不如外资高，很多资源开发型的中央大企业仍在以与计划经济时代相似的方式与当地经济形成隔绝状态，没有对地方经济起到良好的带动作用；市场化改革很不平衡，市场化改革的利益不断向城市工业、东部沿海地区倾斜，这就导致城乡居民及地区差距没有缩小反而进一步扩大。

在这些错综复杂的城乡居民差距及地区差距中，西部地区及落后农村的经济发展和收入水平提高这两大问题应当尽快提到议事日程中，应当引起有关方面的高度重视，同时，应当坚持加大以市场化改革来解决这些矛盾和问题的力度。在影响农村劳动力的顺利转移方面，应加快减弱城乡居民户籍制度的改革力度直到取消，取消劳动力流动的城乡壁垒。在农村经济发展方面，应加快农村经济流通领域的市场化改革，取消对农村经济市场歧视性控制，发展农村金融特别是民间金融，为农村经济的发展提供资金保障。在解决地区经济差距方面，西部地区也应实行像比东部地区更强的市场化激励政策，给西部地区补偿性的市场放活发展空间；取消对西部地区的体制、政策歧视，给西部地方经济更大的发展自主权；取消对西部地方经济发展的非国民待遇的种种限制，西部地方经济也应当可以参与国家重要资源的开发利

用，分享资源产业的发展所带来的利益。

县域经济是城乡经济结合点，是城市化和工业化结合的载体，当县域经济发展好了的时候，也就实现了城市和农村经济的良好结合（袁钢明，2006）。但在实际发展过程中，县域经济承担着国家工业化、城市化快速发展所带来的代价和损失，收入丰厚的税种安排到大中城市，负担、成本、代价通通甩给了县镇和乡村。现在还有不少的学者乃至决策部门的人以为，工业发展好了、城市发展好了就实现了现代化，把农村当成了包袱。县域经济困难的原因既有低成本经济增长战略（传统工业化）的根源，也有现实的因素。普遍的说法是，工业化、城市化就是现代化发展方向，城乡居民收入差距拉大是市场化不可避免的过程。可是是重城市、重大工业而轻县域或者牺牲县域的做法已引起广泛而又深刻的矛盾，到了不解决不行的程度。追根溯源，我国现在所面临矛盾的深刻原因很大程度上是由于发展战略和道路的选择，在低成本经济增长战略下，以牺牲农村、农业、农民利益为城市工业化提供积累的方式还在继续。我国发展过程中的很多代价和矛盾，主要集中在经济欠发达地区的县域，而收益和成果显现在沿海地区特别是沿海地区的大中城市城市。如果不在发展战略、增长方式、资源配置、产业布局上进行调整，这种矛盾还会加剧，解决的难度也将加剧。

二、城乡差距下的消费需求增长乏力

袁钢明（2013）认为，近几年中国经济中消费比例越来越低，消费增速明显下滑，对经济增长的基础支持力量不断减弱。数据显示，1999 年最终消费率还在 60% 以上，到了 2006 年下降至 50.8%，2007 年以后，在国际金融危机冲击以及中国扩大投资措施的影响下，最终消费率一直低于 50%。尤其在应对金融危机中，中国政府采取了鼓励家电、汽车消费的补贴措施在一定程度减缓了经济的下滑，可是这些政策措施只是一些短期应急做法，绝不是推升消费率稳定提高的中长期政策措施。政府仍然没有把提升消费比重和扩大内需放在长期政策框架内，对稳定提升居民消费起决定作用的居民收入和社会保障还没看到强有力的措施，这造成这些短期刺激政策边际效用很快由升转降。根据国家统计局公布的数据，2012 年社会消费品零售额名义增长

14.3%，扣除价格影响因素后实际增长12.1%，较大幅度低于近年来17%左右的名义增长，产生了拉低经济增长的不利影响。

从2011年下半年到2012年，出口、投资、消费三驾马车的增速下滑，显露出中国经济增长动力减弱以及总需求结构不合理的趋势的延续。尽管多年来政策表述上强调结构调整和增长方式转变，可是实际政策措施并没有朝着扩大内需特别是扩大消费的结构调整转变。出口下滑及投资比重过高对经济增长的不利影响凸显，消费支持经济增长的基础作用更是不断减弱，这是造成最新一轮经济增速下滑的重要原因。中国经济增速一旦低于8%以下会带来比较突出的失业问题。从目前看，再次实现快速增长的基础仍然很坚实，这一快速增长轨道应当是“消费带头、供给保证、三驾马车平衡发展”的经济增长模式。2012年中国经济增速和消费增速高位回落，可是中国居民收入提高和消费扩大的空间还很大。特别是在增加居民收入上，有很大的挖掘消费的潜力，保证消费品特别是农产品的供给效率和投入增加，保持供给充足，有效地实现供给与需求平衡，就可为经济高速增长及物价稳定奠定基础。

需求对于中国经济增长具有决定性作用，特别是农村消费需求不足对中国宏观消费需求产生了制约①。仅从增长理论也许看不到压低农民消费对中国宏观经济的损害，认为只要供给方面的生产要素合理配置，完全可以实现低成本经济增长，忽略了需求对经济增长的决定性制约；很少考虑压低收入、压低需求对经济增长的制约，总是强调降低要素成本，从而在政策实施过程中不仅抑制农民的收入和消费需求，也抑制了包括城市居民在内的所有的劳动成本。20世纪90年代后半期，城市企业亏损被归因于就业人员多素质低，劳动工资福利增加快，从而将政策措施的方向放在了裁减人员、控制劳动报酬及福利增长、控制农民收入来实现控制城市劳动成本上升等。这造成的后果是：城市企业失业下岗增多、劳动报酬及福利增速减缓、特别是农村居民收入增速过低，农村贫困现象变动严重，城乡消费需求低迷。有关部门和决策者强调低成本经济增长战略，以压低劳动成本来实现的政策安排，

① 袁钢明：《歧视和牺牲农民的工业化政策必须彻底转变》，朱恒红博士论文出版序言，2011.11.14.

造成了对劳动者报酬及福利的长期过低，特别是对农民收入及福利压低程度更为严重。有关政策不仅人为压低劳动成本，压低农民收入及福利增长，还经常采取压低农产品价格、管制农产品交易等传统计划方式，还以资源配置的歧视性政策安排，例如对农村资金、土地等资源的低成本抽取、对农村公共投入及公共福利不足等新的方式进行。

在实行低成本经济增长战略方面，看起来工业化、城市化的劳动成本被压低了下去，可是城市工业并没有得到更高利润，获得更好的经济发展成果。这些问题单纯用增长理论解释不清楚，应从宏观经济视野研究。宏观经济视野中的经济增长，不单是供给要素的资本、劳动、生产效率的提高，还是需求领域中投资、消费、对外贸易的合理配置，更是影响需求的就业、收入、物价等各方面因素相互制约的合理平衡的结果。在中国，宏观政策目标通常是“控通胀、保增长”。在政策选择上一直把控制居民收入与消费增长、甚至是控制福利增长作为“控通胀”的主要措施，从而使为实现“低物价、高增长”的目标而产生的代价由农民承担。这种实现宏观经济稳定的政策选择明显损害了社会公平，这样，许多的宏观政策措施也就失去了应有的公平准则。

宏观经济的多种变量之间充满矛盾，产出、就业、物价等目标不可能兼得，必须进行取舍，在这种情况下，农民往往成为政策目标与措施选择的主要受害者。当宏观政策选择了“控通胀、保增长”的目标的时，往往把压低农产品价格作为主要政策措施。而农民收入的提高在很大程度上依赖于农产品价格，改革开放以来中国农产品价格过低的扭曲状况没有得到根本扭转，农民无法从农产品价格中得到应有的收益回报，这造成农民从事农业生产的积极性不足，导致农业生产供给不足，从而又反过来给农产品价格带来上升压力。这种压力本来是由于农产品价格被压低所造成的，但宏观政策部门总是通过进一步控制农产品价格、控制农民收入增长的政策措施来减轻通胀压力。这种做法造成了已经过低的农产品价格和农民收入得不到合理上升而导致的农村收入及需求低下。

这产生的宏观经济后果是，一方面，对城市工业以及整体经济的需求扩张空间造成挤压，使增长潜力无法释放；另一方面，由于使农业生产得不到合理补偿，农产品供给得不到激励，农业生产基础薄弱的状况得不到改善，一旦遭遇天气灾害就会造成农产品供给不足型的物价上涨，经济增长屡屡因执行应急性控制通货膨胀的货币紧缩政策而被迫中止。对于这样屡发不止的通货膨胀，正确的政策措施应当是对脆弱的农业生产提供支持，增加农产品供给。可是近些年每当发生农产品价格上涨对城市消费产生不利影响时，宏观政策部门常常紧急性地采取紧缩货币、管制价格、补贴流通环节、补贴城市低收入人群等政策措施，没有寻找出农产品价格上涨的真实原因。在宏观经济运行中做出保护城市舍弃农村的政策选择，这导致了城市受益、农村受损的社会不公正后果。

三、城乡差距下的财产性收入差距凸显

无论农村剩余劳动力是转移到大中城市，还是进入到小城镇，问题的关键是城市的公共财政体制都应当为农村剩余劳动力的转移创造条件，当他们具有稳定的就业机会和固定住所，在社会福利和公共服务方面，都应当享有与当地居民一样平等的城镇居民待遇。只有这样，农民工及其家属才有可能在城市定居，这样才能加速城市化进程、才能真正落实农村劳动力转移的政策。可问题是增加的成本谁来负担。张晓山（2006）曾估计，如完全建立与城镇居民一样的农民工社保制度，企业将为每个农民工每年支付2000~3000元的社会保障金，用工成本将增加30%~40%。摆在我们面前的一个问题是，国内外工商资本和金融资本与中国廉价的劳动力及廉价的土地相结合的发展路径是否需要调整？低成本经济增长的工业和经济发展战略是否也应该转变。

从静态来看，中国居民的财产可以分为六项，即土地、房产、金融资产、生产性固定资产、耐用消费品和非住房债务。其中，房产是按房产总值扣除购房尚未偿还的债务之后的价值计算的，即房产净值。从城乡差距下的财产性收入差距来看，主要是房产收入。2003~2012年，房价越调控越高。[①] 在这种情况下，连城镇居民解决住房问题都面临着巨大的压力，农民

① 袁钢明：《走实体经济健康发展之路开启发展新时代——扭转困局房地产泡沫悬崖勒马》，载《价格理论与实践》，2013年第1期，10-14页。

工及其家属在城市定居的可能变得遥不可及。更何况城镇居民中一些高收入者和既得利益者拥有多套住房，他们不仅获得了巨额的流量财富，还可以租给中低收入者获得额外的租金收入，而且这种租金跟随房价一路的水涨船高。这让中低收入者，尤其是农民工苦不堪言，有的由于不堪重负回流到了原籍。

再来反思一下中国针对房价的宏观经济政策。当经济下滑时，立即推出房地产刺激措施，以房地产市场的升温来推动经济回升；而当房价涨势如潮时，却拿不出有效的控制措施。民众对房价过高地上涨批评不止，有关政策部门却还是重视房地产商以房地产支撑经济的观点主张。所谓房价上涨能增加政府土地拍卖收入、为政府财政收入、公共支出及城市建设等提供巨大资金支持，拉动钢铁、水泥、装修、家具、服务等众多产业及整体经济的说法占主导地位。调控措施先紧后松、名紧实松，2007 年出台过对两套以上购房贷款利率提高 10% 的控制措施，曾经产生了控制投机性购房的很好的政策效果。可是这一有效措施不久后被取消。最终房价不断攀升，极大地影响了收入差距的扩大，极大地提高了农民工的进城成本。

四、城乡差距下的福利性收入差距惊人

现在，无论是国内还是国外，无论是学术界还是政府部门，在研究城乡居民收入分配差距时，都是进行货币化的比较，从而判断差距的程度，实施相应的政策。其实，将收入差距货币化之后，人们感觉到的只是货币符号的大小，鲜活的事实可能更具有冲击力；而且还有许多的差距根本无法用货币来衡量，它本身可能不是一个经济效率的比对问题，更多地涉及社会公正的问题。这样的收入差距问题本书把它定义为福利性收入差距问题。例如劳动者的工资强度、工作环境和身体健康问题；农民工在城市遭遇的不公正待遇问题；农村劳动力转移之后的“三留”问题等。

朱玲（2009）在一份研究报告中有如下关于农民工的数据：平均每天工作时间超过 8 小时的外地迁移工人大约占 45.2%；特别是每天工作时间超过 12 小时的人占样本总体 2.6%，他们的劳动时间比法定时间（8 小时）延长了 50%；每月工作超过 26 天的人或每周享有的休息日不足 1 天的人，竟然

占样本总体的36.5%；与女工相比，男工超时劳动的现象更严重，根据统计数据计算，每天劳动时间在8小时以上和每周享有的休息日少于、等于1天的人数分别占男性组别的48.4%和40.7%；在女性组别中，每天劳动时间在8小时以上和每周享有的休息日少于、等于1天的人数分别占比为42.7%和33.2%。对于身体健康方面报告显示：工作场所有粉尘和噪声的人，分别要占样本总体的11.5%和17.4%；如果依据性别分组，处于有毒、粉尘、噪声和高空等不良工作环境中的男性所占的比重高于女性；若依据工作环境状况分组，将那些在“有毒”“粉尘”“潮湿”“噪声”“高空”共五个选项下都选择“否”的人看作处于普通正常工作环境中的劳动者，余者为处在不良工作环境中的劳动者，据统计，后者在样本总体中所占的份额高达53.7%。

由于城市偏向的社会保护体系排斥农村迁移人口，农地就作为农村居民的生存保障。农村生存成本相对较低，大量农村青壮劳动力在转向城市就业的同时，把老人和妇女留在农村从事农业生产、把儿童留在原籍上学。与农户无地或少地现象相关，留守家庭的许多基本支出，例如基本生存需求、投资需求、风险防范需求，甚至农业投入品的购买，在很大程度上都要依赖于外出打工者的汇款。而“三留”问题[①]给整个农村带来巨大的社会问题，而且有些留守儿童没有得到父母道德方面的教育，许多辍学流窜到城市，这给城市的社会稳定带来很大的影响。

① 指农村转移劳动者外出打工后，留守在农村的老人、儿童和妇女。

| 第七章 |

多维视觉透视城乡居民收入差距

第一节　消费视角观察城乡收入差距

一、预防性动机与消费

在总需求的三驾马车中，消费占比不断下降，内需不足，这已经严重地制约了中国的经济增长。从国际消费率的数据来看（见表7-1），中国消费率一直是世界上最低的国家和地区，而且还处于不断下降的趋势。那么是什么因素制约了消费率的提高甚至是导致消费率的下降呢？本书认为是广大中低收入者的收入，更进一步是农村居民的收入水平过低。农村居民收入的低水平在很大程度上增加了其很强的预防性储蓄动机，从而降低了居民的消费率。易行健等（2008）就曾经对农村居民的预防性动机进行了实证分析，研究结果证实了中国农村居民存在很强的预防性储蓄动机的结论。关于农村居民的预防性储蓄动机方面的具体表现，可以从一些内容来进一步分析。

表7-1　1990~2011年部分国家和地区居民消费率（国际） 单位:%

国家和地区	1990年	2000年	2005年	2009年	2010年	2011年
中国	46.7	46.7	38.1	33.9	34.6	34.4
中国香港	57.1	59.0	58.2	62.4	62.2	
孟加拉国	86.2	77.7	76.4	77.5	76.8	78.3
文莱	34.8	29.6	27.4	22.2	13.2	

续表

国家和地区	1990 年	2000 年	2005 年	2009 年	2010 年	2011 年
印度	64.6	64.8	57.6	57.3	56.5	58.0
印度尼西亚	58.9	60.7	62.7	56.6	56.9	56.1
以色列	55.6	53.9	55.8	56.9	58.2	62.4
日本	53.3	56.5	57.8	60.1	59.3	
韩国	51.8	54.6	53.7	54.0	52.7	
马来西亚	51.7	43.8	44.8	49.9	48.0	
蒙古国	68.7	69.6	55.2	58.1	53.1	50.2
巴基斯坦	73.8	75.4	77.0	81.2	81.9	82.4
菲律宾	71.5	72.2	75.0	74.7	71.6	77.9
新加坡	45.3	43.1	40.1	38.2	38.9	40.6
斯里兰卡	75.9	72.1	69.0	64.5	65.8	68.1
泰国	56.8	57.2	57.8	54.8	53.7	53.6
越南	84.3	66.4	62.5	65.9	64.9	65.8
埃及	72.6	75.9	71.6	76.1	74.7	75.8
南非	57.1	63.0	63.1	60.3	59.4	59.4
加拿大	56.7	55.4	55.3	58.7	57.9	
墨西哥	69.6	67.0	67.0	66.1	64.8	64.1
美国	66.6	69.0	70.1	71.2	70.9	
阿根廷	77.1	70.7	60.8	58.5	59.8	61.3
巴西	59.3	64.4	60.3	61.1	59.6	60.3
委内瑞拉	62.1	51.8	46.8	64.5	57.1	64.3
捷克	50.3	51.9	49.3	50.3	50.3	50.5
法国	57.5	56.2	56.9	58.1	58.0	57.7
德国	57.7	58.4	58.8	58.4	57.5	57.3
意大利	57.0	59.9	59.0	60.3	60.6	61.3
荷兰	49.7	50.4	48.8	45.9	45.4	44.9
波兰	48.3	64.1	63.4	61.2	61.4	
俄罗斯联邦	48.9	46.2	49.4	52.5	49.6	52.1
西班牙	60.5	59.7	57.8	56.1	57.7	58.3

续表

国家和地区	1990 年	2000 年	2005 年	2009 年	2010 年	2011 年
土耳其	68.7	70.5	71.7	71.5	71.2	79.0
乌克兰	57.1	54.4	57.9	64.5	62.9	66.9
英国	62.2	65.6	65.0	64.2	64.0	64.4
澳大利亚	56.6	58.4	58.0	53.5	54.1	53.0
新西兰	61.0	59.7	59.5	59.3	58.6	

资料来源：世界银行 WDI 数据库。

（一）中国农村居民确实存在很强的预防性储蓄动机

中国农村居民确实存在很强的预防性储蓄动机，造成这一结果的深层次的原因可能在于：中国低成本经济增长战略及在这一战略下的城乡二元经济体系的固化，以及农业本身更大的风险等因素。在这些综合因素的影响下造成了长期以来农村居民收入增长缓慢以及他们要承担未来更大的收入不确定性；农村社会保障体系缺位，农村居民在城乡分割的政策约束下面临比城镇居民更强的流动性约束以及比城镇居民更大的预期消费支出的不确定性。

（二）中国农村居民预防性储蓄动机的地区差异

有关研究对中国农村居民预防性储蓄动机的地区差异进行实证检验，实证结果表明，中国东部农村居民的预防性储蓄动机与中西部地区的农村居民相比较弱；而中西部地区农村居民的预防性储蓄动机与东部地区的农村居民相比则较强。分析产生这一预防性储蓄动机的地区差异的原因可能有：中国东、中、西部农村居民存在较大的居民收入差距，东部农村居民人均纯收入远远高于中西部农村居民的人均纯收入；中西部农村居民与东部地区的农村居民相比主要依赖以农业收入为主的家庭经营收入，这大大增加了中西部农村居民收入增长的不确定性，其结果是中西部农村居民在心理上对不确定性因素出现了更高的厌恶程度与更强的预防性储蓄动机。

（三）中国农村居民预防性储蓄动机的制度背景

研究中国农村居民预防性储蓄动机还应当放在全国农业与农村经济状况

以及相关的制度的大背景下来分析。根据中国 1992～2006 年农村居民预防性储蓄动机强度的时序变化可以得出如下结论：1992～1995 年是经济增长速度比较快的一段时期，同时，1992 年与 1993 年也是农民工外出就业与农村居民纯收入增长速度最快的两年，之后这两项收入进入相对稳定增长的阶段；从 1996 年宏观经济软着陆一直到 2002 年，农村居民收入持续进入低速增长通道；数据资料显示，从 1997 年到 2003 年中国农村居民人均纯收入的增幅连续 7 年没有一年能实现超过 5% 的增长，最高的年份增长率为 4.8%，最低的年份只增长 2.1%，年均增长 4% 左右，这仅相当于同期城镇居民可支配收入年均增长幅度的一半。

与此同时，从 20 世纪 90 年代中期开始实行的大规模教育收费体制改革与医疗体制改革，导致农村居民预期的教育支出和医疗支出大幅上涨，这极大地增强了农村居民预防性储蓄动机。这一状况自 2004 年以来有所缓解，2004 年中共中央、国务院出台了 1 号文件《关于促进农民增加收入若干政策的意见》，文件中强调粮食产量增加与促进农民增收两个重点，这之后从中央政府到地方政府相继制定与出台了一系列支农的政策与措施。再加上全国粮食市场价格回升和气候较好等有利因素，2004～2006 年这三年中，农村居民人均纯收入年均实际增长 6.80%，其中低收入农村家庭人均纯收入年均实际增长了 7.90%。另外，近几年来中国农村社会保障工作的推进力度比之前年份明显加大，社会保障体系的覆盖范围也逐渐增大，这在一定程度上降低了农村居民预防性储蓄动机，可是从长期来讲，农村居民尤其是中西部地区农村居民的收入没有更有效的实现持续经济增长的政策性激励机制，当遇到较大的宏观经济波动时，可能会再次强化这些居民的预防性储蓄动机。

二、中国城乡居民生活消费支出与消费差距

从中国城乡居民的生活消费支出来做分析（见表 7－2）：城镇居民和农村居民的生活消费支出从 1978 年以来一直处于增长的趋势，但增长的基础不同，城镇居民生活消费支出是农村居民的生活消费支出的 2.68 倍；农村居民在 1996 年之前处于较快的增长，但 1997 年之后，增长放缓，甚至 1998

年出现负增长，2004 年才又有了比较明显的增长，而城镇居民的生活消费支出一直处于增长；从增长的结果来看，城镇居民生活消费支出已是农村居民的生活消费支出的 3.07 倍，而且两者相差的绝对额已由 1978 年的 195.1 元增长到 2008 年的 7582.2 元，相差的绝对额增长了 38.9 倍。

表 7-2　　　　1957～2008 年中国城乡居民生活消费支出

年份	城镇居民生活消费支出（元）	农村居民生活消费支出（元）	年份	城镇居民生活消费支出（元）	农村居民生活消费支出（元）	年份	城镇居民生活消费支出（元）	农村居民生活消费支出（元）
1957	222.0	70.9	1986	799.0	357.0	1998	4331.6	1590.3
1964	220.7	93.6	1987	884.4	398.3	1999	4615.9	1577.4
1965		95.1	1988	1104.0	476.7	2000	4998.0	1670.1
1977			1989	1211.0	535.4	2001	5309.0	1741.1
1978	311.2	116.1	1990	1278.9	584.6	2002	6029.9	1834.3
1979		134.5	1991	1453.8	619.8	2003	6510.9	1943.3
1980	412.4	162.2	1992	1671.7	659.2	2004	7182.1	2184.7
1981	456.8	190.8	1993	2110.8	769.7	2005	7942.9	2555.4
1982	471.0	220.2	1994	2851.3	1016.8	2006	8696.6	2829.0
1983	505.9	248.3	1995	3537.6	1310.4	2007	9997.5	3223.9
1984	559.4	273.8	1996	3919.5	1572.1	2008	11242.9	3660.7
1985	673.2	317.4	1997	4185.6	1617.2			

资料来源：国家统计局。

那么居民生活消费支出的基础是什么呢？当然是居民收入。从居民收入的增长情况来看（见表 7-3），城镇居民和农村居民的收入从 1978 年以来一直处于增长的趋势，但增长的基础不同，城镇居民收入是农村居民收入的 2.57 倍；农村居民在 2006 年之前处于较快的增长的趋势，且一直高于城镇居民的收入增长，个别年份增长有所放缓，但 2006 之后情况逆转，城镇居民的收入增长指数开始多于农村居民的收入增长指数，而且差距越来越大；从增长的结果来看，城镇居民收入已是农村居民收入的 3.23 倍，而且两者相差的绝对额已由 1978 年的 209.8 元增长到 2008 年的 13790.4 元，相差的绝对额增长了65.7倍。

再从反映居民收入水平的恩格尔系数来做分析（见表7-3）：城镇居民和农村居民的恩格尔系数从1978年以来都处于不断下降的趋势，这反映了城镇居民和农村居民用于食品等生活消费支出的比重在不断下降，也就是说居民收入水平都在不断提高；但从恩格尔系数下降的比重来看，城镇居民和农村居民还有很大的差距，2010年城镇居民的恩格尔系数为35.7%，而农村居民的恩格尔系数还高达为41.1%，这说明农村居民的食品等消费比重还占有很大的比重，收入水平还比较低下，与城镇居民相比还有很大的差距。

表7-3　1978～2010年中国城乡居民家庭收入及恩格尔系数

年份	城镇居民家庭人均可支配收入		农村居民家庭人均纯收入		城镇居民家庭恩格尔系数（%）	农村居民家庭恩格尔系数（%）
	绝对数（元）	指数（1978=100）	绝对数（元）	指数（1978=100）		
1978	343.4	100.0	133.6	100.0	57.5	67.7
1980	477.6	127.0	191.3	139.0	56.9	61.8
1985	739.1	160.4	397.6	268.9	53.3	57.8
1990	1510.2	198.1	686.3	311.2	54.2	58.8
1991	1700.6	212.4	708.6	317.4	53.8	57.6
1992	2026.6	232.9	784.0	336.2	53.0	57.6
1993	2577.4	255.1	921.6	346.9	50.3	58.1
1994	3496.2	276.8	1221.0	364.3	50.0	58.9
1995	4283.0	290.3	1577.7	383.6	50.1	58.6
1996	4838.9	301.6	1926.1	418.1	48.8	56.3
1997	5160.3	311.9	2090.1	437.3	46.6	55.1
1998	5425.1	329.9	2162.0	456.1	44.7	53.4
1999	5854.0	360.6	2210.3	473.5	42.1	52.6
2000	6280.0	383.7	2253.4	483.4	39.4	49.1
2001	6859.6	416.3	2366.4	503.7	38.2	47.7
2002	7702.8	472.1	2475.6	527.9	37.7	46.2

续表

年份	城镇居民家庭人均可支配收入		农村居民家庭人均纯收入		城镇居民家庭恩格尔系数（%）	农村居民家庭恩格尔系数（%）
	绝对数（元）	指数（1978 = 100）	绝对数（元）	指数（1978 = 100）		
2003	8472.2	514.6	2622.2	550.6	37.1	45.6
2004	9421.6	554.2	2936.4	588.0	37.7	47.2
2005	10493.0	607.4	3254.9	624.5	36.7	45.5
2006	11759.5	670.7	3587.0	670.7	35.8	43.0
2007	13785.8	752.5	4140.4	734.4	36.3	43.1
2008	15780.8	815.7	4760.6	793.2	37.9	43.7
2009	17174.7	895.4	5153.2	860.6	36.5	41.0
2010	19109.4	965.2	5919.0	954.4	35.7	41.1

资料来源：国家统计局。

三、健康支出与收入不平等

（一）健康和收入不平等的关联

普雷斯顿（Preston，1975）利用跨国数据分析了人均收入和预期寿命之间的相关关系，研究发现健康与经济发展、健康与收入状况之间存在着一条“普雷斯顿曲线”。他的研究结果表明：越贫穷的国家，该国人均收入的增长与居民的预期寿命的提高越显著相关，可是随着该国居民收入的进一步增加，相关性越来越不显著；在最高收入的国家中，人均收入的增长与居民的预期寿命的相关性非常低，甚至显示无相关性。普雷斯顿的研究意味着，若一国国内越存在这种收入水平和健康状态之间的非线性关系，那么说明该国是收入分配越均等的国家，平均预期寿命越高；若一国国内越存在这种收入水平和健康状态之间的明显的线性关系，那么说明该国是收入分配越不均等的国家，平均预期寿命则相对较低。威尔克逊（Wilkingson，1996）认为，由于富人的健康状况不受他的收入的明显影响，如果有政策安排从富人到穷人之间的收入转移支付，则可以提高穷人寿命，从而提高一国国民的平均寿命；进一步来讲，穷人健康的改善有利于他们收入增长，从而能促进整个社会不平等状况的改善。

（二）健康与贫困之间的联系

贫困人口的健康问题也一直是各国关注的焦点。经过对现实不同群体的健康状况观察，发现存在如下的规律：最贫穷的人的健康状况不如已脱贫的初步温饱阶层的健康；初步迈入温饱阶层的群体健康状况又不如平均收入阶层的健康。也就是说收入与健康之间的社会差距普遍存在，在不同国家，差距的大小程度不同，但都普遍存在这一现象。对越贫穷的人而言，身体就是他最大的资产，但也是一项最没有保障的资产，最贫穷的人往往饱受贫病交加的困扰。由于贫穷导致营养不良，贫穷人的身体健康受到极大损害，而糟糕、羸弱的身体状况会进一步削弱对营养的吸收，形成贫病交加的恶性循环。造成贫穷的根源往往在于较差的身体健康状况，而较差的身体状况又更进一步导致其更加贫穷，如此进入一个恶性的不断循环之中。

（三）健康与政府公共支出

政府在决定公共资源的分配时，公共健康支出不仅仅是政府必须承担的责任和义务，更应该被视为一项能促进经济增长的重要机制和渠道。许多农村家庭尤其是西部落后地区的农村家庭，之所以长期摆脱不了贫穷落后，很大程度上是由于这些地区的健康状况恶化，公共医疗卫生投入的严重不足。针对中国公共健康支出，应该分析公共健康支出在不同地区和城乡之间的投资效率，特别是应向经济欠发达的中西部农村地区倾斜，合理安排公共健康支出的总量和结构。而且，政府要重视在基础医疗技术方面的投入，在宏观政策导向上要强化现有医疗技术的利用效率，这能带来社会福利的动态累积性增加。①

（四）耐用品支出与消费差距

从耐用品支出来看城乡居民的消费差距（见表 7 - 4）。从城乡居民自

① Finkelstein, A. (2007), The aggregate effects of health insurance, Quarterly Journal of Economics, 122 (3): 1 - 37.

2002年以来购买的6类电器分析消费差距：从2002年以来以每百户居民所拥有的家电耐用品来看，城乡居民的拥有量都在增长，但城镇居民的拥有量明显高于农村居民；在耐用品拥有的结构方面，电话、洗衣机、电冰箱、彩电和空调这些生活必需品在城镇基本饱和，而空调和照相机在农村居民的消费中还有很大的余地。

表7-4　2002~2012年中国城乡居民耐用品消费（每百户拥有量）　单位:%

年份	电话		洗衣机		电冰箱		彩电		空调		照相机	
	城镇	农村	城镇	农村	城镇	农村	城镇	农村	城镇	农村	城镇	农村
2002	93.65	40.77	92.90	31.80	87.38	14.83	126.38	60.45	51.10	2.29	44.08	3.34
2003	95.41	49.06	94.41	34.27	88.73	15.89	130.50	67.80	61.79	3.45	45.36	3.36
2004	96.44	54.54	95.90	37.32	90.15	17.75	133.44	75.09	69.81	4.70	47.04	3.68
2005	94.40	58.30	95.51	40.20	90.72	20.10	134.80	84.00	80.67	6.40	46.94	4.05
2006	93.30	64.09	96.77	42.98	91.75	22.48	137.43	89.43	87.79	7.28	47.99	4.18
2007	90.52	68.36	96.77	45.94	95.03	26.12	137.79	94.38	95.08	8.54	45.06	4.30
2008	82.01	67.01	94.65	49.11	93.63	30.19	132.89	99.22	100.28	9.82	39.11	4.43
2009	81.86	62.68	96.01	53.14	95.35	37.11	135.65	108.94	106.84	12.23	41.68	4.76
2010	80.94	60.76	96.92	57.32	96.61	45.19	137.43	111.79	112.07	16.00	43.70	5.17
2011	69.58	43.11	97.05	62.57	97.23	61.54	135.15	115.46	122.00	22.58	44.48	4.55
2012	68.41	42.24	98.02	67.22	98.48	67.32	136.07	116.90	126.81	25.36	46.42	5.18

资料来源：Wind资讯。

第二节　财产性收入与城乡差距

一、财产性收入差距的现状和特点

（一）财产性收入差距的现状

改革开放以前，中国居民除了少量的个人储蓄所能带来利息收入外几乎没有什么财产性收入；改革开放以来，居民的财产性收入，特别是城市居民的财产性收入增长很快，而且分布很不均等。其中因金融资产和住房分布的不平等而产生的收入分配不平等问题更引人注目。仅以住房分布产生的不平等为例：根据中国社会科学院经济研究所课题组的调查，1995 年城镇居民自有住房估算租金价值的不平等系数为 0.371，而同年住房补贴不平等系数为 0.322，城镇居民总体不平等系数为 0.286。这三个不平等系数可以说明，20 世纪 80 年代末期以来住房制度改革使住房补贴大大下降，可是自有住房估算租金价值则明显上升。无论住房补贴还是自有住房估算租金价值都起着扩大居民收入差距的作用。从数量上讲，自有住房估算租金价值的不平等超过住房补贴的不平等，这在很大程度上说明将原有计划体制中隐性收入的不平等在市场体制下显性化的过程中追加了不平等。

研究发现，居民可支配收入中，尽管居民自有住房折算净租金是财产性收入的一部分，但是属于虚拟收入，与统计漏报现象无关。因此，计算统计漏报率的时候，把居民自有住房折算净租金排除在外了。“统计外收入”中，近年来约有 20% 的居民可支配收入未能被现有的住户调查覆盖，2015 年的统计遗漏率为 19.5%。遗漏率最高的是经营性收入和财产性收入。把“统计外收入”考虑到基尼系数测算中后，中国基尼系数提高了约 10 个百分点。这意味着中国高收入群体的收入水平比统计数据更高，因而居民收入差距更大，调节收入差距的政策难度也更大。“统计外收入”未必是合法收入，也未必是非法收入。即便其可能主要属于高收入群体，其合理与否还需要进一步判断。但是大量“统计外收入”毕竟是一个客观现象，它对于判断收入分配形势、居民收入增长形势都有很大影响。大量的“统计外收入”意味着中国居民收入在世界排名更加靠前，意味着中国个人所得税偷漏严重，意味着居民收入与经济增长的实际的同步性更高，意味着实际工资近年来上涨明显，意味着实现 2020 年城乡居民人均收入比 2010 年翻一番目标的实际难度更大。未来一个时期，中国收入差距仍然很大。了解真实的收入分配状况，一方面，需要掌握高收入群体“统计外收入”的情况；另一方面，应该挤出低收入群体的统计水分，着重提高居民收入中的实际获得部分。中国目前对居民可支配收入的统计主要分为两个部分：一是居民实际得到的收入，二是统计方法虚拟出的收入。统计中的居民财产性收入快速增长，并非是居民通过资本市场得到了那么多的收入，而是根据某种统计方法，把居民自有住房的折旧归为了居民财产性收入。这种没有实际获得感的收入和居民的自身体会相差甚远。“被增长”“被平均”等舆热点问题大都是由此而来的。

（二）财产性收入差距的特点

一是劳动报酬和居民财产净收入增长慢于国民总收入增长。劳动报酬和居民财产净收入增长速度一直慢于国民总收入增长，进而居民收入在国民收入中占比较低。据国家统计局数据显示：1996~2007年，中国居民收入在国民收入中占比持续下降，但政府和企业收入占比则不断上升，说明收入初次分配环节出现了向政府和企业倾斜的趋势。居民初次分配收入主要由劳动者报酬、营业盈余总额和财产净收入等项内容构成，劳动报酬和居民财产净收入增长速度慢于国民总收入增长，导致了居民初次分配的收入占国民总收入的比重再次出现快速回落的现象。从统计资料看，2002~2009年，中国GDP年均增速超过10%，可是职工工资扣除物价因素后的年均增长只有8.18%，这大大低于GDP年均增速。而2000~2007年，居民财产净收入年均增长9.3%，也低于同期国民总收入增长率5.1个百分点。

二是获得财产性收入的人数较少。中国目前获得财产性收入的人数还比较少，不具有普遍性；居民获得的财产性收入数量少、比例低、范围小、渠道单一。30年的改革开放，确实使城乡居民积累了越来越多的财富，有些居民也不同程度地获得了财产性收入。据国家统计局资料显示：2006年城镇住户拥有财产性收入的家庭占18.2%，比2002年拥有财产性收入的家庭占16.4%提高了1.8个百分点；我国居民人民币储蓄存款余额17.2万亿元；沪深两市投资者开户数超过1.2亿户，基金资产净值总计超过3万亿元，基金投资账户数也超过9000万个。

三是少数高收入者集中了绝大多数的财产性收入。中国财产性收入分布的结构性矛盾非常突出，少数高收入者集中了绝大多数的财产性收入而广大低收入者拥有的财产性收入还很少，有的为零甚至为负值。根据国家统计局资料显示：2006年中国城镇居民获得的财产性收入仅为244.01元，占当年城镇居民可支配收入的2.1%，而其中出租房屋收入要占全部财产性收入的51.8%；2006年最高收入10%的家庭人均拥有财产性收入为1279.28元，增长为2002年的3倍，可是最低收入10%的家庭人均只有35.29元，而且增长速度也仅是2002年的1.36倍，高收入家庭的财产性收入增长幅度明显快于低收入家庭，那么绝对额的差距就更大了。

二、中国居民财产性收入收入分配效应

既要看到财产性收入对提高居民收入的正面作用，也要认识和防范加剧贫富差距所产生的负面效应，更要发挥好政府“创造条件”的职能，加强和改善宏观调控，让更多居民公平合理地分享经济社会发展成果。中国城乡居民近年来财产性收入出现快速提升的发展态势。城镇居民收入主体的工资性收入和转移性收入在总收入中的比重均有所下降，但财产性收入的增长比较快。近几年，中国城镇居民人均财产性收入达到了19%～27%的增长率，而同期城镇居民劳动报酬增长率仅为14%～17%，城镇居民可支配收入增长率为11%～12%，总体来讲财产性收入增长速度明显快于劳动报酬和可支配收入增长速度。随着国民经济的持续发展，投资渠道的逐步拓宽，中国城镇居民财产和财产性收入将呈现出快速提升的发展态势。

越来越多的城镇居民获得越来越多的财产性收入。根据国外的经验，同一经济体中财产分布的基尼系数往往高于收入分布的基尼系数，尤其是在金融财产、房产等的分布方面更是存在着比居民收入差距大得多的差距。例如美国在1983～2001年，总财产净值的基尼系数在0.8左右，金融资产的基尼系数高达0.9左右；日本、韩国和瑞典在20世纪80年代中期总财产基尼系数都在0.5以上，财产基尼系数都要比收入的基尼系数高许多。我国随着财产性收入在居民收入中所占比重的提高，短期内由于财产性收入带来的收入差距扩大将不可避免。很多的居民拥有了一定的财产，但是财产分布存在非均衡性，在转型和发展的过程中，社会各阶层居民的财产积累速度不同，特别是农村居民的财产性收入的总量和速度都远远低于城镇居民的财产性收入的总量和增长速度。

居民财产性收入提高无疑将会加大居民贫富差距。无论是财产中的金融资产还是总资产净值，也无论是人均资产水平还是资产积累速度，不同居民之间都存在着巨大的差异性。长期以来，人们对劳动差别决定的工资收入差距较为熟悉，可是对以货币和房产等为代表的财产积累和凭借这些财产获取

的财产性收入关注不多，更是对由这些收入增长对居民贫富差距造成的影响程度不甚了解。由于财产性收入属于派生财富，没有财产便不可能有财产性收入，而财产性收入是富裕阶层的主要收入来源，工资性收入则是普通阶层收入的主要来源，这样不可避免地产生了“富者愈富，穷者愈穷”的马太效应，因而财产及财产性收入分布的不平衡性是近年来居民贫富差距加大的重要原因之一。

三、全国人均与农村、城镇居民财产的水平和构成之比较

为了分析全国居民财产的分布状况，首先需要对财产水平和财产构成作简单的考察。从静态来看，中国居民的财产构成分为六项：土地、房产、金融资产、耐用消费品、生产性固定资产和非住房债务。其中，房产的计算是根据房产总值扣除购房尚未偿还的债务之后的价值房产净值。非住房债务则是指除了住房债务以外的一切其他债务。各项财产的加总额减去非住房债务以后的价值就构成了按净值计算的财产总值。从表 7 - 5 可以看出，全国人均财产的总水平、各项财产的水平和各项财产的比重，其数值的范围都在城镇居民的财产数值和农村居民的财产数值之间。

表 7 - 5　2002 年全国人均与农村、城镇居民财产的水平和构成之比较

财产及其构成项目	全国平均值（元）	全国比例（%）	农村平均值（元）	农村比例（%）	城镇平均值（元）	城镇比例（%）
财产总额净值	25897.03	100	12937.81	100	46133.5	100
土地价值	2420.767	9.35			11957.79	25.92
金融资产	5642.684	21.79	3974.32	30.72	29703.13	64.39
房产净值	14989.26	57.88	5565.006	43.01	815.487	1.77
生产性固定资产	1037.309	4.01	1592.615	12.31	3338.165	7.24
耐用消费品价值	1784.31	6.89	1181.616	9.13	619.6779	1.34
其他资产的估计现值	241.6361	0.93			-300.7456	-0.65
非住房负债	-218.9326	-0.84	-169.0233	-1.31		

资料来源：国家统计局。

经过全国人口的平均之后，全国人均财产的总额既不是农村居民人均的12937.81元，也不是城镇居民人均的46133.5元，而是25897.03元。在财产的各个子项目中，土地这一项应重点分析。由于城市人口没有土地，由此经过全国人口的平均以后，土地的价值从农村人均的3974.32元下降到全国人均的2420.767元，其比重也从占农村人均财产的30.72%下降到占全国人均财产的9.35%。七项财产构成中的其他各项财产的变化都没有土地那么大，变化最小的是耐用消费品这一项，其比重既不是农村的6.13%，也不是城市的7.24%，而是6.89%。这说明，城乡居民之间耐用消费品拥有量的差距目前看还算比较小。总体来讲，在全国居民财产构成的七个子项目中，最重要的是房产、金融资产和土地这三项，它们合起来占到居民财产总额的89.02%，特别以房产和金融资产两项最为突出，两项合起来占财产总额的79.67%。这两项财产也是形成城乡居民财产性收入差距的最主要的原因。

四、按十等分组分析全国居民财产的分布情况

按十等分组的办法来分析全国居民财产的分布情况。首先将全国人口按人均净财产值排列（人均净财产值由低到高的顺序来排列），分为人数相等的十个部分，那么每部分包含总人口的1/10，然后将各部分人员的财产进行比较（见表7-6）。从总财产来看，人均财产最多的20%的人口所拥有的财产占59.3%，而人均财产最少的20%的人口则仅仅拥有2.80%的财产，经计算，两者的比率为21.18：1。这个比率比分别根据农村或城市计算时都要高（农村内部分组为8.1：1；城市内部分组为18.55：1）。如果将拥有财产最多的10%的人口的财产同拥有财产最少的10%的人口的财产相比，两者拥有财产的比率高达60.89：1。

显然，财产分布上的这种巨大差距同城乡居民之间的巨大差别分不开。在各项财产中，房产的分布是最不均等的。根据有关数据计算，人均财产最多的20%的人口所拥有的房产高达65.84%，可是人均财产最少的20%的人口则仅仅拥有1.05%的房产，两者的比率为62.7：1。特别应该关注的是，人均财产最少的10%的人口的房产净值是负数，也就是说，他们房产总值还抵偿不了尚未偿还的住房债务。在其他各项财产的分布中，金融资产分布的

不均等程度仅仅次于房产，根据五等分组来计算，20%最高组所拥有的金融资产同20%最低组所拥有的金融资产相比为29.13∶1；分布不均等程度比较低的是耐用消费品，根据五等分组来计算，20%最高组所拥有的耐用消费品同20%最低组所拥有的耐用消费品相比为9.556∶1；非住房负债的分布情况是，五等分组之后的最高组和最低组负债较多，而中间各组的负债相对较少。这种情况可以解释为，穷人不得不借债，而富人则因为有既有的财产作后盾而敢于多借债来进行消费和投资。

表7－6　　2002年全国人口按十等分组各组所持财产的比重

组别（从低到高）	财产总额（净值）	土地价值	金融资产	房产净值	生产性固定资产	耐用消费品价值	其他资产的估计现值	非住房负债
1（最低）	0.68	4.43	0.997	－0.18	2.82	2.84	0.96	30.39
2	2.12	8.67	1.31	1.23	4.52	2.81	0.78	8.65
3	2.95	11.03	1.80	1.93	5.40	3.49	0.63	5.97
4	3.81	13.86	2.12	2.59	8.07	3.88	1.11	5.78
5	4.84	15.01	3.16	3.62	8.90	4.94	1.55	6.94
6	6.23	15.76	4.41	5.09	11.80	6.08	3.04	6.82
7	8.32	14.05	7.16	7.63	10.74	8.96	6.64	8.64
8	11.76	8.34	11.87	12.15	10.12	13.02	12.35	5.07
9	17.89	5.84	19.40	19.30	13.92	18.22	24.16	10.95
10（最高）	41.41	3.00	47.80	46.54	23.72	35.77	48.80	10.80

资料来源：国家统计局。

五、用基尼系数分析全国人均财产分布的不平等状况

从表7－7可以看出，2002年全国总财产分布的基尼系数已经达到0.550，这一数值既高于同年居民收入分配的基尼系数0.45，又高于同年城乡居民分别计算的财产分布的基尼系数（城市居民内部为0.4751，农村居民内部为0.39）。应该说，这一结果合乎这样的逻辑：在城乡居民各自的财产分布差距超过居民收入分配差距，并且财产分布的城乡居民差距又非常巨大的情况下，全国财产分布的基尼系数肯定会很大。

表 7－7　　　　2002 年全国人均财产分布的平等状况

财产	财产均值（元）	比重（%）	基尼系数	集中率	贡献率（%）
财产总额（净值）	25897.03	100	0.55	0.55	100
土地价值	2420.77	9.35	0.669	－0.245	－0.77
金融资产	5642.68	21.79	0.74	0.629	24.97
房产净值	14989.26	57.88	0.674	0.63	66.32
生产性固定资产	1037.31	4.01	0.837	0.296	2.16
耐用消费品价值	1784.31	6.89	0.643	0.48	6.01
其他资产的估计现值	241.64	0.93	0.967	0.689	1.16
非住房负债	－218.93	－0.84	0.967	－0.175	0.27

资料来源：国家统计局。

在各项财产中，房产、金融资产和其他资产的估计现值这三项财产的集中率超过总财产的基尼系数，从而认为应该对总财产的分布起到扩大不均等程度的作用。可是由于其他资产的估算现值比重太小，仅占 0.93%，所以，它们对总财产不均等程度的解释力仅为 1.16%。房产和金融资产这两项对财产不均等起着关键的作用：房产集中率为 0.6302，对不均等贡献率为 66.32%；金融资产的集中率为 0.6291，对不均等的贡献率为 24.92%。在各项财产中，土地的作用是最有趣的。不仅其在总财产中的比重仅为 9.35%，而且其集中率仅为－0.0452，这一项对总财产不均等程度的解释力或贡献率为－0.77%。而耐用消费品的集中率为 0.408，对不均等的贡献率为 6.02%，这说明耐用消费品在全国居民中的分布相对比较均等。

六、财产分布的国际比较

从国际比较的角度看，财产分布的基尼系数大于居民收入分配的基尼系数几乎是各个国家的共同现象。发达国家居民收入分配的基尼系数一般在 0.3～0.4 之间，而财产分布的基尼系数在 0.5～0.9 之间。财产最多的 1% 的人口拥有总财产的 30%～35%；收入最多的 1% 的人口拥有总收入的不到 10%。世界上 21 个发达国家在 20 世纪 90 年代中期收入分配的基尼系数大约在0.3左右，但这些国家在20世纪后半叶财产分布的基尼系数为0.52~0.93之间。以瑞典为例，如果不包括居住在外国的瑞典人，那么财产的基尼系数为0.52~0.83之间。

如果参照国际上的财产基尼系数的情况，中国现阶段财产分布的基尼系数还不算很高。可是如果考虑到以下两点，居民的财产性收入差距问题仍然不能不引起高度重视。第一，发达国家个人财产的积累已经历了数百年，而中国从20世纪80年代初算起，也只经历了短短的大约20年的时间，可以这样说，中国个人财产积累速度和势头都是超常的。第二，中国居民收入分配的基尼系数已经显著地超过上述发达国家，而如果按照上述居民收入差距同财产性收入差距的互动关系，当今的居民收入分配的分化必然会影响今后财产分布的分化，因此，今后一段时间财产分布差距的进一步拉大也可以说将是难以避免的现实。针对这种情况，必须进行政策上的预调节。

七、财产性收入差距与宏观经济政策

（一）房产税能否全面实行

像中国这样占有很多房子而不付出成本，尤其是在人地关系特别紧张的情况下，更显得不可思议。这在开征房地产税的国家来讲，也是不可想象的。在开征了房产税的国家，谁要是多拥有一套房子，就意味着必须多一份税收的负担。例如，日本东京地区征收房地产税大约为1%~2%，一套100平方米左右的住房大概每月需要交3万日元的房产税，这大约相当于一个普通居民半个多月的伙食费，这负担对于富裕的人也不轻。

（二）农村金融压抑，财富低增长

在当前中国农村的发展中，有限责任是造成农村金融市场不完全、产生金融制约的一个重要原因。其实质是，在广大的农村地区，绝大多数的农户的财产水平还非常低，农民还没有彻底走出“低财富水平——小信贷规模——小投资规模——低投资回报——低财富水平”这样一种低财富水平、缺乏金融支持的、由金融因素所导致的贫困陷阱之中。即使是在农村的非农经营的产业与企业中，道德风险的约束造成了金融市场的不完全，而农户的财产水平低在很大程度上制约了金融机构对农户的放贷规模，这样农村永远也得不到经济发展所需要的大量的资金支持，盼望着城乡差距会自动缩小的梦想恐怕很难实现。

（三）多渠道、多形式增加农村居民财产性收入

在经济发展的过程中，收入分配的合理性关乎每一个家庭的幸福生活。按居民收入来源来分析，中国居民的收入形式主要是工资性收入（城镇）和经营性 收入（农村）。就城乡居民收入不平等程度来看，财产性收入的不平等是导致城乡居民总收入不平等的显著原因。根据本书的结果可知，财产性收入的不平等对人力资本形成具有负向显著的影响，对于农村居民而言，努力增加财产性收入的主要措施：一是改革征地制度，是当前增加农村居民财产性收入的主要渠道。实施土地征地制度改革，该项政策主要是确定农村个人土地的所有权，让其可以进行出租或者征地收取相应的补偿。二是理顺财权、事权关系，形成配套的财税改革，该项政策可以让农村居民自由自主地对土地进行处置，为农村居民顺利取得合理的财产性收入提供坚实的财政基础。三是在城镇化背景下，寻找更多机会进行农村居民的财产性收入扩增。

第三节　福利性收入与城乡差距

一、福利性收入的含义

（一）转型期中国收入分配构成的特点

作为发展中国家和经济大转型的国家，中国居民收入构成带有发展的特点和转型的特点。从发展的特点来看，中国城乡居民之间的收入构成存在着巨大的差异。城镇居民的收入从来源看主要是货币性收入，而农村居民收入中的很大一部分是自产自用的实物性收入。从转型的特点来看，城乡居民收入来源都出现了多元化，但是收入形成机制缺乏充分的透明度；计划经济体制遗留下来的各种补贴，在城镇居民收入中仍占有非常大的比

重。例如，国家公务员，构成实际收入来源有多种，例如公有住房、住房公积金、公费医疗、失业保险、养老保障等，这些补贴或福利项目是其他许多居民特别是农村居民所不能获得的，这些收入和补贴的市场价值通常也难以有效地估算，甚至在收入统计中被严重忽略。米增渝等在实证分析中，更进一步地验证了理论模型的结论：中国税收多征于穷人，而补贴多给了富人；税收的数额越大，不平等越严重；补贴大多给了富人而穷人得到的补贴相对较少。①

（二）福利性收入的含义

从现有研究文献上看，在估计居民收入差距时所使用的收入定义大致有三种。一是国家统计局住户调查中的城镇居民可支配收入或农村居民纯收入，也可称为官方对居民收入的定义。二是卡恩对于居民收入的定义，该收入定义是在国家统计局居民收入定义的基础上增加了三项收入：公有住房的实物性租金补贴、私有住房的归算租金、各种实物收入（如单位发放的日用品、食品等实物和有价证券）的市场估值。中国收入分配课题组从 20 世纪 80 年代末开始估算中国居民收入差距，大部分论文都采了卡恩的收入定义，有关的研究成果可见赵人伟（1994）、赵人伟等（1999）、李实等（2008）。三是福利含义的收入定义，它在卡恩的居民收入定义上增加了给城乡居民带来实际福利的社会保障和社会福利的市场价值。如果考虑到居民收入所获得的实际福利，那么居民收入不仅要包含所有能够反映居民福利差异的收入项目以保证其内涵在不同群体中的一致性，而且要求货币收入应当具有相同的实物支配能力，从而城乡居民之间和地区居民之间具有可比性。

其实，将收入差距货币化之后，人们感觉到的只是货币符号的大小，鲜活的事实可能更具有冲击力，而且还有许多的差距根本无法用货币来衡量，它本身可能不是一个经济效率的比对问题，更多地涉及社会公正的问题。这样的收入差距问题本书把它定义为福利性收入差距问题。例如灰色收入、相对收入、地位收益；劳动者的工资强度、工作环境、身体健康问题；农民工

---

① 米增渝、刘霞辉、刘穷志：《经济增长与收入不平等：财政均衡激励政策研究》，载《经济研究》，2012 年第 12 期，43－54 页。

在城市遭遇的不公正待遇问题；农村劳动力转移之后的“三留”问题，尤其是广大中西部地区的农村已出现逐渐“空洞化”的现象，即人员以“386199部队（妇女、儿童和老人）”为主等。

二、灰色收入与收入差距

据王小鲁（2005）推算，2008年全国城乡居民可支配收入总额为232万亿元，这要比按国家统计局住户收入统计调查结果的收入高出9.3万亿元[①]；比国家统计局“资金流量表”的住户可支配收入计算出的收入高出5.4万亿元。与其2005年的研究测算相比，2008年中国的“隐性收入”和“灰色收入”双双都扩大了近1倍[②]。与此同时，中国的名义GDP只增长了71.4%，显然“灰色收入”仍在以快于GDP增长的速度增长。巨额“灰色收入”说明居民收入分配严重扭曲。从“灰色收入”来源看，它们主要是围绕权力对公共资金和公共资源的分配而产生的寻租、侵占公共资金和他人收入、聚敛财富的腐败等行为，还有垄断性收入的不适当分配部分。由于巨额“灰色收入”存在，中国居民收入的实际分配格局和流程已在很大程度上发生不利于中低收入者的扭曲性改变，这导致城镇居民的收入差距急剧扩大、分配更加不公，城乡居民收入差距的实际差距更大。

三、相对收入与福利性收入差距

国民主观幸福感却并未随居民收入的增长而提升，这一现象称为“易斯特林悖论”。这种现象首先在英美日等发达国家出现，目前也开始在中国等发展中国家出现。[③] 究其原因，相对收入被认为是“易斯特林悖论”出现的

---

① 多出来的这部分收入可视为“隐性收入”。

② 2005年中国居民的“隐性收入”4.8万亿元，其中按同样口径计算的“灰色收入”部分2.7万亿元。

③ 何立新和潘春阳：《破解中国的“Easterlin悖论”：收入差距、机会不均与居民幸福感》，载《管理世界》（月刊），2008年第8期，11-22页。

主要原因，因为相对收入会影响居民的效用或主观幸福感。① 居民主观幸福感除了与绝对收入有关以外，在很大程度上还取决于居民的相对收入水平。居民幸福感之所以没有随实际工资的增加而相应提高，主要是因为居民的相对收入没有相应提高甚至下降造成的。正是在这种背景的理论分析下，很多学者对相对收入的经济影响进行验证，从而弥补了绝对收入解释经济行为的不足，并进一步发展了一整套的相对收入理论。在这些众多的研究中，椁兰克（Pollak，1976）构建模型解释了居民个体之间交互影响的偏好对居民经济行为的影响，他认为个人的偏好会受到其他居民消费水平的影响，导致本人的效用并不全是由自己的消费和绝对收入的大小来决定。波海姆（Bagwell，1996）在效用函数中引入了炫耀性消费概念，他的研究结果认为，炫耀性消费可以向外界展示自己的财富水平，从而从对外炫耀中获得一种相对满足感。

相对收入对经济行为的影响很大，为防止政策效果偏差，有关部门在制定政策时更是需要区分对待各种效应。居民收入差距对居民幸福感存在负面影响，但对不同收入阶层幸福感的影响存在差异，收入差距过大显著损害了低、中低收入阶层的幸福感，但对中高收入阶层的影响并不显著。例如，相对收入有利于增加中产阶级的消费需求，可是相比之下低收入阶层和高收入阶层对相对收入并不敏感。在这种情况下，政府可以选择通过增加对相对收入水平低下的居民的转移支付；同时增加对高收入家庭的征税，而提高中低收入者的相对收入，降低高收入者的相对收入，最终达到缩小居民收入差距的政策目标。政策决策部门还应注意到相对收入的提高也会促进低收入劳动力迁移，改善劳动供给结构和增加劳动力流动性，促进人力资源优化配置，这一过程对收入不平等也是一个自我调整的过程。

四、城乡工资差距与福利性收入差距

根据有关的统计数据来看城乡劳动者人力资本差异和城乡分割的情况。

---

① Easterlin，R. A.，“Incomeand Happiness：Towards a Unified Theory”，EconomicJournal，2001，111（473），465－484.

中国农村人口平均受教育程度为6.54年，农民绝大多数没有受过专业知识与技能培训；在15~64岁的农村劳动力人口中，大专及以上教育的人不足1%。从农民工内部的教育结构看，受过大专及以上教育、高中或中专教育、初中及以下教育的比例依次为3.37%、19.34%和77.29%；而城市劳动力上述对应的比例依次为28.05%、47.80%和24.16%①。一方面，由于上述农村劳动力素质偏低，农民工的工作主要集中在劳动时间长、强度大、危险性高的工种，而且这些工作的收入偏低。另一方面，农民工收入水平低更受到城乡劳动力市场制度性分割的影响。中国劳动力市场在实际运行的过程中分为一级劳动力市场和二级劳动力市场。一级劳动力市场就业稳定，工资福利待遇高，晋升和培训机会多；二级劳动力市场相对一级劳动力市场而言就业稳定性差，工资福利待遇低，基本上没有什么晋升与培训机会。

中国劳动力市场还存在对农村劳动力的制度性歧视，一些农民工即便是符合了一级劳动力市场的岗位要求，也只能在二级劳动力市场上就业，并且工资率低于同工种的城镇居民的工资。严善平（2007）利用上海市的4次大型调查数据进行研究，发现1995~2003年上海市外来劳动力与上海市本地居民的人力资本收益率上升速度明显不同，两者差距不断扩大。中国城市劳动力市场区分了外来劳动力和本地居民两大部分，这两部分从业人员的市场阶层以及在市场阶层之间的流动性大不相同；从非正规部门流向正规部门的向上流动会带来工资收入的增加，但本地居民和外来劳动力，以及外来劳动力中的农民工与城镇居民向上流动的机会很不均等，外来劳动力很难获得到收益更高的正规部门的就业机会，农民工就更无法奢望。

在求职过程中选择什么性质的部门、以何种方式在不同部门之间流动，不是取决于个人的教育水平、工作经历等人力资本的大小，而主要取决于以户籍制度为代表的身份因素。从用工的行业来分析，大量的劳动密集型企业为了追求自身的经济利益最大化，只使用青年民工。根据来自服装、玩具、制鞋等劳动密集型制造业的外企资料表明，企业中35岁以下的职工（主要是农民工）在全部职工中的比重高达83.3%~89.6%。这种青年型的用工结构产生了如下后果：25岁以下的民工，特别是女工供不应求，出现了好多学

① 调查数据来自2005年中国社会科学院人口与劳动经济研究所的研究报告。

者所关注的所谓“民工荒”现象；可是当这些普通民工进入中年后，绝大多数人，比例上可能有 2/3～5/6 的农民工因劳动密集型制造业工作机会的大量减少而不可能在原务工地找到工作，这直接造成了许多的民工中年失业，从而不得不返回家乡。①

五、地位收益与城乡差距

地位收益是指公民由于所处的社会地位差异或地理位置差异而给居民带来的以非工资性收入或非正常收入来表示的经济影响差异收入。在发达国家，社会地位对居民经济生活的影响比较小，社会地位高的居民的收入不一定高，而社会地位低的居民的收入也不一定少。地理位置对居民经济生活的影响也相对较小，在大城市工作的居民的收入水平和综合生活质量并不一定高于在小城镇工作的居民或农场工人。在这些国家，居民从政的动力、向大中城市流动的动力并不明显，其已基本实现了“城乡一体化、工农无差异化”的现代化目标。再来看中国的情况，社会地位对居民经济生活的影响非常之大，社会地位高的居民的地位收益往往远远大于他所获得的名义工资收入。地理位置上对居民经济生活的影响也十分突出：对比分别出生于一般城镇和普通农村的两个人，他们的投入与产出，也就是付出的努力与回报根本无法相提并论，城乡居民综合生活质量的差距很大，从而造成农村居民向大中城市迁徙的动力异常强烈。

假设存在一个直角三角形，在直角三角形中，进城农民工位于直角位置，而普通城镇居民和普通农村居民分别位于另外两个位置。利用三角形的边角关系可以做如下的分析：普通农村居民和进城农民工从身份上来说都属于农民，他们两者之间的社会地位收益差距不太明显，他们之间的地位收益差距主要表现为地理位置收益差距，在三角形中可以表示为这个直角三角形的一条直角边；进城农民工和普通城镇居民都在城镇工作和居住，他们之间的地理位置收益差距比较小，他们的地位收益差距主要表现为社会地位收

---

① 章铮，谭琴：《论劳动密集型制造业的就业效应——兼论民工荒》，载《中国工业经济》，2005 年第 7 期，5－11 页。

益，在图中用另外一条直角边来表示；而普通城镇居民工作和普通农村居民，一个居住在城镇，而另一个工作和居住在农村，所以他们之间既有社会地位收益差距，又有地理位置收益差距，在图形中可以表示为这个直角三角形的斜边。根据数学常识，直角三角形中斜边大于任意一条直角边，其经济含义是，普通城镇居民与普通农村居民之间的地位收益差距要大于普通城镇居民与进城农民工之间的地理位置差距以及普通农村居民与进城农民工之间的社会地位收益差距。这在很大程度上说明，地位收益拉大了我国城乡居民之间的收入差距。

六、城乡居民收入无法统计的差距："空心村"中的"386199"部队

如同农民工群体本身是一个动态变化的群体，留守儿童也是一个动态变化的群体。留守儿童的变化要更加复杂，这种复杂性有三个突出的特征：动态留守、逆向监护和监护软性化。简单地说，动态留守就是大多留守儿童都有过或长或短的流动生活经历，有的上学前曾跟随父母在城市生活，小学在城里上，中学阶段回到家乡上学。逆向监护，通常情况下人们认为留守儿童是被其他人关照的，可是有相当一部分留守儿童其实还负有照顾祖父母的沉重使命，这种代替父母照顾祖父母的儿童主要出现在初中阶段甚至是小学阶段的留守儿童中。监护软性化，这里的"软"不是指监护人的监护能力不够，而是说监护权的存在方式存在不稳定性的或者监护人不明确性，留守儿童的监护人经常变换，有的监护人太年轻，有的留守儿童在一段时间里甚至没有监护人。从留守儿童的生活状况来看，大部分留守儿童的衣着和饮食变化不大，但隔代监护人对留守儿童的照料相对欠佳；留守儿童生病会增加监护人心理压力，对部分留守儿童的疾病照料也有影响；留守儿童劳动负担普遍较重，他们的休闲、娱乐受到了限制；少数留守儿童在上学路上无人接送，安全没有保障；留守儿童与各类社会网络成员关系弱化，与外出父母的关系相对疏远，从长远看对留守儿童的成长不利。

从整体上看，中国农村劳动力流动在很大程度上增加了老年人的农业劳动时间，增加了老年人的负担。不过，由于劳动力流动模式存在差异，劳动

力流动对老年人农业劳动时间的影响也不一样。根据有关资料分析，在劳动力跨省流动为主的中西部地区，家庭成员外出打工明显增加了老年人农业劳动时间；在劳动力以省内流动为主的沿海地区，家庭成员外出打工在一定程度上降低了老年人农业劳动时间，但这种影响并不十分显著。尽管农村劳动力外出打工的规模越来越大，可是劳动力外出打工并没有获得足够的经济收入。在城乡居民二元制度所形成的各种藩篱下，外出打工者只能“钟摆式”的流动，土地也就成为农民得以依赖的最后的保障。在农村土地流转较少发生的情况下，家庭成员外出打工不可避免地增加了老年人的农业劳动负担。提高外出打工者的工资收入、促进农村土地进一步流转和实行新型农村新型医疗、养老保险，减少农民对土地的依赖，这些都应是政府需要考虑的问题。

农村留守妇女现象产生于20世纪80年代。随着我国城市化进程的加快，大量农村剩余劳动力开始向城市转移，也就出现了广泛的所谓“农村留守妇女”现象。根据有关的研究，2000年中国留守妇女总数1302.4万人①；2004年留守妇女总数增加到4310万人②；2005年留守妇女总数则达到4700万人③。农村留守妇女显然已成为一个规模庞大的社会群体，而且还有缓慢增长的势头。农村留守妇女引发的社会问题日益受到全社会的关注。这主要有以下几点原因：第一，由于丈夫不在身边，农村留守妇女面临着身体、心理和社会等多重压力和社会风险因素，留守妇女的生存状况令人担心；第二，随着农村男性劳动力外出，留守妇女自然而然成为农村建设的主力军、农村社区活动的主要参与者和家庭责任的承担者，农村留守妇女的生存状况，影响着农民工家庭的和谐、稳定与农村社会、经济的可持续发展；第三，从孩子角度看，农村留守妇女家庭变成了特殊的“单亲家庭”，它伴随着城市化进程在较长时期内持续存在，农村留守妇女问题所引发的家庭与社会风险不断地在新闻中出现。

---

① 周福林：《我国留守妻子状况研究》，载《西北人口》，2007，28（1）：63－66。

② 许传新：《西部农村留守妇女的身心健康及其影响因素——来自四川农村的报告》，载《南方人口》，2009，24（2）：49－56。

③ 张俊才，张倩：《5000万“留守村妇”非正常生存调查》，载《中国经济周刊》，2006（40）：14－19。

| 第八章 |

主要结论

一、中国收入分配差距巨大且无缓和趋势

中国当前的收入分配差距很大，且没有减缓的趋势。自20世纪80年代后半期以来，全国居民的收入不均等程度逐渐提高，城乡居民收入差距逐渐扩大。2006年，居民收入差距可以扼要表达为，基尼系数达0.468，城镇居民的名义收入相当于农村的3.33倍。与2002年相比，底层收入群体的收入水平有所提高，但在全部居民收入中占有的份额减少，而顶端收入群体获得的份额大幅增加。这说明，前者的收入增长速度远低于后者。2006年，占全部人口50%的低收入人群，从全部收入中分享的份额不足19%。另外，城市化进程中不同的经济政策明显地影响到不同收入组的人口构成，在收入最低的30%人口当中，90%以上依然是农村人口。

二、低成本劳动力经济增长战略造成城乡差距持续扩大

在城乡居民收入分配差距的研究方面，笔者从经济增长战略层面分析形成城乡居民收入分配差距的深层原因，发现造成收入分配差距过大或不合理以及调解这一过大或不合理的方法只能是重新审视建立在刘易斯二元结构理论等基础上的低成本劳动力经济增长战略。这一战略有三个特征：农村支援城市；压低劳动要素成本；造成了居民身份属性的三重二元结构。这一战略下的城乡差距扩大有如下具体表现：从宏观调控目标上看更

注重经济增长、物价调控和供给问题，而忽视就业问题、收入增长问题、消费问题；在收入分配结构中，国民收入分配向资本所有者倾斜，资本收入增长过快，劳动收入增长缓慢，劳动者报酬所占份额不断下降；城乡二元结构、城市户口和非本地居民户口的二元结构等成为决定收入水平的关键因素，等等。

三、低成本劳动力经济增长战略下的城乡差距扩大产生不利宏观后果

首先，城乡差距下的消费需求增长乏力。需求对于经济增长有决定性作用，特别是农村消费需求不足对中国宏观消费需求形成长期制约。如果单从增长理论就看不到压低农民消费对中国宏观经济的损害。而目前中国有关部门的政策决策思想基本上是以增长理论而不是以现代宏观经济理论为指导，认为只要使供给方面的生产要素得到合理的配置，就能实现低成本的增长，很少注意到需求对经济增长的决定制约，很少考虑由于压低农民工收入、压低农民需求对增长充分实现所造成的制约；他们总是强调降低各种使用要素的成本特别是劳动要素的成本，而考虑压低劳动者收入所造成的需求制约。因此，在政策实施过程中不仅着力压低农民的收入和消费需求，同时也尽力压低包括城市劳动者在内的所有的劳动成本，有时甚至以不惜压缩就业机会、减少劳动者报酬及福利来进行成本控制。

其次，城乡差距下的财产性收入差距凸显。在全国居民的财产性收入构成中，房产要占到非常大的比重，进而对城乡居民的收入差距产生重大影响。在当前这种情况下，连城镇居民解决住房问题都面临着巨大的压力，农民工及其家属在城市定居的可能其不变得遥不可及。这让中低收入者，尤其是农民工苦不堪言，有的由于不堪重负回流到了原籍。

最后，城乡差距下的福利性收入差距惊人。无论是国内还是国外，也无论是学术界还是政府部门，在研究城乡居民收入分配差距时，都是进行货币化的比较，从而来判断差距的程度和实施相应的政策。其实，将收入差距货币化之后，人们感觉到的只是货币符号的大小，鲜活的事实可能更具有冲击力；而且还有许多的差距根本无法用货币来衡量，它本身可能不是一个经济

效率的比对问题，更多涉及了社会公正的问题。这样的收入差距问题笔者把它定义为福利性收入差距问题。诸如灰色收入；相对收入；地位收益；劳动者的工资强度、工作环境和身体健康问题；农民工在城市遭遇的不公正待遇问题；农村劳动力转移之后的“三留”问题，等等。

参考文献

一、中文著作

[1] [美] 阿瑟·奥肯:《平等与效率——重大的抉择》,王奔洲译,华夏出版社 1987 年版。

[2] 巴格瓦蒂,《增长为什么重要》,王志毅译,浙江大学出版社 2015 年版。

[3] 伯德金、克莱茵、玛瓦:《宏观经济计量模型史》,李善同等译,中国财政经济出版社 1993 年版。

[4] 布兰查德、约翰逊:《宏观经济学(第 6 版)》,王立勇等译,清华大学出版社 2014 年版。

[5] 蔡昉、都阳、王美艳:《劳动力流动的政治经济学》,上海人民出版社 2003 年版。

[6] 蔡昉、万广华:《中国转型时期收入差距与贫困》,社会科学文献出版社 2006 年版。

[7] 陈卫东:《论缩小收入差距的财政政策》,中国财政经济出版社 2008 年版。

[8] 陈锡文:《中国农村经济改革:回顾与展望》,知识产权出版社 2020 年版。

[9] 陈宗胜:《经济发展中的收入分配》,上海三联书店 1991 年版。

[10] [英] 大卫·李嘉图:《政治经济学及赋税原理》,郭大力、王亚南等译,商务印书馆 1976 年版。

[11] 樊纲、张泓骏:《平等、效率、稳定与增长相互关系的理论分析》,载《收入分配与公共政策》,上海远东出版社 2005 年版。

[12] 高鸿业:《西方经济学》(第7版),中国人民大学出版社2017年版。

[13] 靳卫东:《我国收入差距的成因与演变——基于人力资本视角的分析》,人民出版社2011年版。

[14] 凯恩斯:《就业、利息和货币通论》,徐毓楠译,商务印书馆1981年版。

[15] 李实、魏众:《中国农村劳动力流动与收入分配》,中国财政经济出版社1999年版。

[16] 马歇尔:《经济学原理》,朱攀峰译,北京出版社2007年版。

[17] 斯诺登:《现代宏观经济学:起源、发展与现状》,余江涛译,江苏人民出版社2009年版。

[18] 宋晓梧、李实、石小敏、赖德胜:《中国收入分配:探索与争鸣》,中国经济版社2011年版。

[19] 王慧炯、李泊溪、李善同:《中国实用宏观经济模型1999》,中国财政经济出版社1999年版。

[20] 威廉·配第:《赋税论》,薛东阳译,武汉大学出版社2011年版。

[21] 徐璐琳:《21世纪前10年的中国经济政策》,人民出版社2011年版。

[22] 杨小凯:《专业化与经济组织》,经济科学出版社1999年版。

[23] 姚洋:《建立一个中国的社会公正理论》,中国人民大学出版社2004年版。

[24] 赵人伟、李实、卡尔·李思勤:《中国居民收入分配再研究》,中国财政经济出版社1999年版。

[25] 中共中央编译局:《马克思恩格斯全集》第46卷上册,人民出版社1979年版。

[26] 中共中央编译局:《马克思恩格斯选集》第三卷,人民出版社1995年版。

二、中文期刊论文

[1] 白重恩、钱震杰:《国民收入的要素分配:统计数据背后的故事》,载《经济研究》,2009年第3期。

[2] 白重恩、钱震杰:《谁在挤占居民的收入——中国国民收入分配格

局分析》，载《中国社会科学》，2009 年第 5 期。

[3] 蔡昉：《城乡收入差距与制度变革的临界点》，载《中国社会科学》，2003 年第 5 期。

[4] 蔡昉、杨涛：《城乡收入差距的政治经济学》，载《中国社会科学》，2000 年第 4 期。

[5] 陈星：《农业剩余劳动力与农民收入关系研究》，载《经济学动态》，2009 年第 5 期。

[6] 陈迅、张艳云：《中国城镇居民收入与人力资本投资相互关系的实证研究》，载《软科学》，2000 年第 3 期。

[7] 陈宗胜、周云波：《体制改革对城镇居民收入差别的影响——天津市城居民收入分配差别再研究》，载《中国社会科学》，2001 年第 11 期。

[8] 程开明、李金昌：《城市偏向、城市化与城乡收入差距的作用机制及动态分析》，载《数量经济技术经济研究》，2007 年第 7 期。

[9] 董静、李子奈：《修正城乡加权法及其应用——由农村和城镇基尼系数推算全国基尼系数》，载《数量经济技术经济研究》，2004 年第 9 期。

[10] 顾海兵、王亚红：《中国城乡居民收入的解构分析》，载《经济学家》，2008 年第 4 期。

[11] 郭剑雄：《人力资本、生育率与城乡收入差距的收敛》，载《中国社会科学》，2005 年第 3 期。

[12] 国家统计局农调总队课题组：《城乡居民收入差距研究》，载《经济研究》，1994 年第 12 期。

[13] 韩俊：《工业反哺农业城市支持农村》，载《中国三农》，2006 年第 8 期。

[14] 郝如玉：《个人所得税调控功能的局限性——兼论中国收入调节的“促富治贫”政策》，载《中央财经大学学报》，2004 年第 11 期。

[15] 胡日东、王卓：《收入分配差距、消费需求与转移支付的实证研究》，载《数量经济技术经济研究》，2002 年第 4 期。

[16] 黄祖辉、王敏、万广华：《中国居民收入不平等问题：基于转移性收入角度的分析》，载《管理世界》，2003 年第 3 期。

[17] 寇铁军、金双华：《财政支出规模、结构与社会公平关系的研

究》，载《上海财经大学学报》，2002 年第 6 期。

[18] 寇铁军、任晓东：《论调节中国收入分配差距的财政政策取向》，载《地方财政研究》，2005 年第 3 期。

[19] 李昌明、王彬彬：《中国城乡二元经济结构转换研究》，载《经济学动态》，2010 年第 10 期。

[20] 李稻葵、刘霖林，王红领：《GDP 中劳动份额演变的 U 型规律》，载《经济研究》，2009 年第 1 期。

[21] 李军：《收入差距对消费需求影响的定量分析》，载《数量经济技术经济研究》，2003 年第 9 期。

[22] 李若建：《城乡居民人均收入差距的时空特征分析》，载《农业经济问题》，1994 年第 6 期。

[23] 李实：《中国农村劳动力流动与收入增长和分配》，载《中国社会科学》，1999 年第 2 期。

[24] 李艳玲：《农民工工资剪刀差的产生原因及对策》，载《安徽农业科学》，2008 年第 2 期。

[25] 李云娥、周云波：《中国城乡收入差距未来发展趋势的预测》，载《山西财经大学学报》，2007 年第 10 期。

[26] 廖云珊：《关于中国当前收入分配差距扩大的分析及其影响》，载《商品储运与养护》，2008 年第 4 期。

[27] 林伯强：《中国的政府公共支出与减贫政策》，载《经济研究》，2005 年第 1 期。

[28] 林金忠、王莹：《转轨背景下收入差距扩大的政治经济学分析》，载《江苏社会科学》，2007 年第 2 期。

[29] 林毅夫、蔡昉、李周：《比较优势与发展战略——对“东亚奇迹”的再解释》，载《中国社会科学》，1999 年第 5 期。

[30] 林毅夫、蔡昉和李周：《中国经济转型时期的地区差距分析》，载《经济研究》，1998 年第 6 期。

[31] 林毅夫、刘培林：《经济发展战略对劳均资本积累和技术进步的影响——基于中国经验的实证研究》，载《中国社会科学》，2003 年第 4 期。

[32] 刘乐山：《美国调节收入分配差距的财政措施及启示》，载《喀什

师范学院学报》，2007 年第 1 期。

[33] 刘乐山：《日本调节收入分配差距的财政措施及启示》，载《经济纵横》，2007 年第 5 期。

[34] 刘乐山：《英国调节收入分配差距的财政措施及启示》，载《湖南文理学院学报（社会科学版）》，2006 年第 2 期。

[35] 刘明：《刍论中国社会公平收入分配的税收制度安排》，载《理论导刊》，2007 年第 2 期。

[36] 刘扬、赵春雨、邹伟：《中国城镇低收入群体问题研究》，载《经济学动态》，2010 年第 1 期。

[37] 娄峰、李雪松：《中国城镇居民消费需求的动态实证分析》，载《中国社会科学》，2009 年第 3 期。

[38] 吕炜、赵佳佳：《中国经济发展中的公共服务与收入分配调节》，载《财贸经济》，2007 年第 5 期。

[39] 罗长远、张军：《经济发展中的劳动收入占比：基于中国产业数据的实证研究》，载《中国社会科学》，2009 年第 1 期。

[40] 罗楚亮、李实：《人力资本、行业特征与收入差距——基于第一次全国经济普查资料的研究》，载《管理世界》，2007 年第 10 期。

[41] 孟勇：《财政支出对居民收入差距形成的计量分析》，载《财政研究》，2009 年第 8 期。

[42] 米增渝、刘霞辉、刘穷志：《经济增长与收入不平等：财政均衡激励政策研究》，载《经济研究》，2012 年第 12 期。

[43] 潘孝珍：《〈管子〉的收入分配思想及启示》，载《首都经贸大学及学报》，2010 年第 2 期。

[44] 任重、周云波：《垄断对中国行业收入差距的影响到底有多大》，载《经济理论与经济管理》，2009 年第 4 期。

[45] 沈坤荣、张璟：《中国农村公共支出及其绩效分析——基于农民收入增长和城乡收入差距的经验研究》，载《管理世界》，2007 年第 1 期。

[46] 石坚：《充分发挥税收对收入分配的调节作用》，载《税务研究》，2002 年第 9 期。

[47] 孙文祥、张志超：《财政支出结构对经济增长与社会公平的影

响》，载《上海财经大学学报》，2004 年第 12 期。

[48] 孙祖芳：《政府在构建公平收入分配制度中的职责与对策》，载《同济大学学报》，2008 年第 3 期。

[49] 邰丽华：《缩小收入差距应正确区分的几个范畴》，载《教学与研究》，2010 年第 7 期。

[50] 田新民、王少国、杨永恒：《城乡收入差距变动及其对经济效率的影响》，载《经济研究》，2009 年第 7 期。

[51] 王德文、蔡昉：《收入转移对中国城市贫困与收入分配的影响》，载《开放导报》，2005 年第 12 期。

[52] 王美艳：《城市劳动力市场上的就业机会与工资差异——外来劳动力就业与报酬研究》，载《中国社会科学》，2005 年第 5 期。

[53] 王小鲁、樊纲：《中国收入差距的走势和影响因素分析》，载《经济研究》，2005 年第 10 期。

[54] 王秀云：《借鉴国际经验缩小中国收入分配差距》，载《中央财经大学学报》，2010 年第 8 期。

[55] 王亚芬、肖晓飞、高铁梅：《中国收入分配差距及个人所得税调节作用的实证分析》，载《财贸经济》，2007 年第 4 期。

[56] 魏后凯：《中国地区间收入差距及其分解》，载《经济研究》，1996 年第 11 期。

[57] 许成安、汪淑珍、张瑶：《东西部行业收入差距的差异比较分析——兼论政府干预对库茨涅茨曲线的影响》，载《财政研究》，2009 年第 2 期。

[58] 许传新：《西部农村留守妇女的身心健康及其影响因素——来自四川农村的报告》，载《南方人口》，2009 年第 24 期。

[59] 阎大颖：《中国市场化进程与各地区的城乡收入差距：内在联系与影响机制》，载《当代财经》，2007 年第 10 期。

[60] 严善平：《人力资本、制度与工资差别——对大城市二元劳动力市场的实证分析》，载《管理世界》，2007 年第 6 期。

[61] 杨灿明：《胡洪曙，俞杰收入分配研究述评》，载《中南财经政法大学学报》，2008 年第 2 期。

[62] 杨承训:《“深化收入分配制度改革”的经济学解析》，载《经济学动态》，2008 年第 1 期。

[63] 杨春学:《如何压缩贫富差距? ——美国百年历史的经验与教训》，载《经济学动态》，2013 年第 8 期。

[64] 杨迎军、程丽红:《谈中国居民收入分配布局中的“劫贫济富”现象》，载《经济研究导刊》，2013 年第 12 期。

[65] 杨迎军:《论宏观经济政策是影响中国居民收入分配差距的关键性变量》，载《经济视野》，2013 年第 12 期。

[66] 姚耀军:《金融发展与城乡收入差距关系的经验分析》，载《财经研究》，2005 年第 2 期。

[67] 易行健、王俊海、易君健:《预防性储蓄动机强度的时序变化与地区差异——基于中国居民的实证研究》，载《经济研究》，2008 年第 2 期。

[68] 尹恒、李实、邓曲恒:《中国城镇个人收入流动性研究》，载《经济研究》，2006 年第 4 期。

[69] 袁钢明:《差距拉大应及时治理》，载《领导信息决策》，2000 年第 11 期。

[70] 袁钢明:《从外向优先型倾斜发展转向内需主导型协调发展》，载《CHINA OPENING HERALD》，2000 年第 1 期。

[71] 袁钢明:《当前中国经济增速下滑估测与调控难点分析》，载《价格理论与实践》，2013 年第 9 期。

[72] 袁钢明:《全面振兴县域经济以贯通城乡》，载《科学决策月刊》，2006 年第 2 期。

[73] 袁钢明:《市场经济不存在收入分配自动调节机制》，载《中国特色社会主义研究》，2000 年第 4 期。

[74] 袁钢明:《提升居民的收入预期》，载《经济工作导刊》，2001 年第 4 期。

[75] 袁钢明:《走实体经济健康发展之路开启发展新时代——扭转困局房地产泡沫悬崖勒马》，载《价格理论与实践》，2013 年第 1 期。

[76] 袁志刚、宋铮:《城镇居民消费行为变异与中国经济增长》，载《经济研究》，1999 年第 11 期。

[77] 岳昌君：《教育对个人收入差异的影响》，载《经济学（季刊）》，第2004年10月3卷增刊。

[78] 曾国安、胡晶晶：《论中国城市偏向的财政制度与城乡居民收入差距》，载《财政研究》，2009年第2期。

[79] 曾国安：《论工业化进程中导致城乡居民收入差距扩大的自然因素与制度因素》，载《经济评论》，2007年第3期。

[80] 张红伟、陈伟国：《中国金融发展与城乡收入差距关系的实证研究》，载《财政研究》，2008年第12期。

[81] 张建华：《一种简便易用的基尼系数计算方法》，载《山西农业大学学报（社会科学版）》，2007年第6卷（第3期）。

[82] 张俊才、张倩：《5000万"留守村妇"非正常生存调查》，载《中国经济周刊》，2006年第40期。

[83] 张立军、湛泳：《金融发展影响城乡收入差距的三大效应分析及其检验》，载《数量经济技术经济研究》，2006年第12期。

[84] 张世伟等：《个人所得税制度改革的微观模拟》，载《吉林大学社会科学学报》，2008年第5期。

[85] 张文春：《个人所得税与收入再分配》，载《税务研究》，2005年第11期。

[86] 张晓山：《创新农业基本经营制度发展现代农业》，载《农业经济问题》（月刊），2006年第8期。

[87] 章奇、刘明兴、Vincet Yiupor Chen、陶然：《中国的金融中介发展与城乡收入差距》，载《中国金融学》，2003年第4期。

[88] 章铮、谭琴：《论劳动密集型制造业的就业效应——兼论民工荒》，载《中国工业经济》，2005年第7期。

[89] 赵剑治、陆铭：《关系对农村收入差距的贡献及其地区差异——项基于回归的分解分析》，载《经济学（季刊）》，2009年第1期。

[90] 赵人伟、李实：《中国居民收入差距的原因分析》，载《会计之友》，1999年第12期。

[91] 赵人伟：《经济体制转型问题的若干看法》，载《经济社会体制比较》，1994年第6期。

[92] 郑超愚:《论中国附加预期和需求的总供给函数》,载《经济研究》,1999 年第 4 期。

[93] 郑超愚:《中国总需求函数及其货币政策含义》,载《金融研究》,2002 年第 5 期。

[94] 周福林:《我国留守妻子状况研究》,载《西北人口》,2007 年第 28 期。

[95] 周亚等:《个人所得税收入分配效应的模型分析》,载《北京师范大学学报》(自然科学版),2006 年第 6 期。

[96] 周云波:《城市化、城乡差距以及全国居民总体收入差距的变动——收入差距倒 U 形假说的实证检验》,载《经济学(季刊)》,2009 年第 7 期。

[97] 周云波:《影响城镇居民收入差距的主要因素分析》,载《统计与决策》,2009 年第 18 期。

[98] 朱玲:《农村迁移工人的劳动时间和职业健康》,载《中国社会科学》,2009 年第 1 期。

[99] 邹伯平:《德国调节收入分配差距的财政措施及启示》,载《湖南商学院学报》,2006 年第 2 期。

三、中文其他

[1] 陈叶军:《厉以宁:通过三次分配解决收入分配难题》,人民网,2010 年 6 月 23 日。

[2] 东方网 - 文汇报:《和谐:关注收入分配》,2005 年 3 月 8 日。

[3] 胡锦涛:《高举中国特色社会主义伟大旗帜,为夺取全面建设小康社会新胜利而奋斗》,新华社,2007 年北京 10 月 24 日电。

[4] 胡锦涛:《坚定不移沿着中国特色社会主义道路前进,为全面建成小康社会而奋斗》,新华社,2012 年北京 11 月 8 日电。

[5] 江泽民:《高举邓小平理论伟大旗帜　把建设有中国特色社会主义事业全面推向二十一世纪》,中国经济网,1997 年 9 月 12 日。

[6] 江泽民:《全面建设小康社会,开创中国特色社会主义事业新局面》,中国经济网,2003 年 10 月 9 日。

[7] 杨迎军、厉克奥博、李睿:《陕西省延川县县域经济调查报告》,

2012 年 3 月 23 日。

[8] 袁钢明:《合理收入分配是经济发展的重要活力》，新华网，2010 年 9 月 10 日。

[9] 袁钢明:《歧视和牺牲农民的工业化政策必须彻底转变》，朱恒红博士论文出版序言，2011 年 11 月 14 日。

[10] 袁钢明:《中国收入分配改革方案呼之欲出，多措并举缩差距》，西部网，2012 年 10 月 22 日。

[11] 中华人民共和国国家统计局:《中华人民共和国 2008 年国民经济和社会发展统计公报》，中央政府门户网站，2009 年 2 月 26 日。

四、外文著作及论文

[1] Abel, J. D. , Military spending and income inequality, *Journal of Peace Research* 31 (1): 35 –43, 1994.

[2] Aguiar, M. A. and Bils, M, Has Consumption Inequality Mirrored Income Inequality?, *NBER Working Paper*, http: //www. nber. org/papers/w16807, 2011.

[3] Alesina, A, PerottiP, Income Distribution [J]. *Political Instability and Investment*, 1996, EER40 (6) 1996.

[4] Bagwell, L. a theory of S. B. D. Bernnheim conspicuous consumption Veblen effects. *in American Economic Review* 86 (3) 1996.

[5] Barro Robert, Gary S. Becker, Nigel Tomes. Human Capital and the Rise and Fall of Families, *Joumal of Labor Economics*, vol (4), no. 3, 1986.

[6] Becker Gary, R. J. Barro. A Reformulation of the Economic Theory of Fertility. Quarterly Journal of Economics. vol (103), 1988.

[7] Becker Kevin M. Muphy, Mark M. Tamura. Human Capital, Fertility and Economic Growth. *Journal of Political Economy. Vol* (98), no. 5, 1990.

[8] Blanchard, O. , What do we know about Macroeconomics that Fisher and Wicksell did not?, *NBER Working Paper Series*, No. 7550, 2000.

[9] Cashin, P. & R. Sahay, Regional economic growth and convergence in India, *Finance and Development*, 1996.

[10] Clark, T. & A. Leicester, Inequality and two decades of British tax

and benefit reforms, *Fiscal Studies* 25 (2): 129 - 158, 2004.

[11] Del, l F., Top incomes in Germany and Switzerland o - ver the twentieth century, *Journal of the European Economic Association* 3 (2 - 3): 412 - 421, 2005.

[12] Ding Lu. Rural - Urban Income Disparity: Impact of Growth, Allocative Efficiency and Local Growth Welfare, *China Economic Review*, 2002, 13 (4), 419 - 429.

[13] Finkelstein, A., The aggregate effects of health insurance0, *Quarterly Journal of Economics*, 122 (3): 1 - 37, 2007.

[14] Hassan, F. M. A., Effectsofpersonal income taxon income distribution: Example from Bulgaria, *Contemporary Economic Policy*, *Oct*, 1996.

[15] Hertel, Thomas, Fan Zhai. Labor Market Distritions, Rural - Urban Inequality and the Opening of Chinese Economy, *World Bank Policy Research Working* Paper 3455, November 2004.

[16] Huang, Jikun, Keijiro Otsuka and Seott Rozelle: *The role of Agriculture in China development*, *presented at Pittsburth Conferrence*, 2004.

[17] Jin, Y., Li, H. and Wu, B., Income Inequality, Consumption and Social - Status Seeking, *Journal of Comparative Economics*, 39: 191 - 204, 2011.

[18] Lambert, P. J., The Distribution and Redistributionof Income, 3rd edition, *Manchester University Press*, 2001.

[19] Leigh & Van Der Eng, Top incomes in Indonesia, 1920 - 20040, *CEPR Discussion* Paper549, 2007.

[20] Mankiw, N. J., The Macroeconomist as Scientist and Engineer, *NBER Working Paper Series*, No. 02138, 2006.

[21] Moriguchi&Saez, *The evolution of income concentration in Japan*, 1885 - 20020, *NBER Working Paper*, 2005.

[22] Pillarisetti, J. R., 2003, World income distribution and tax reform: What tax systems do low - income countries need?, *Development Policy Review* 21 (3): 301 - 317.

[23] Pollak, R. A. (1976), interdependent preferences, American Economic Review 66: 309 -320.

[24] Ramos, X. & O. Roca - Sagales, Long - term effects of fiscal policy on the size and distribution of the pie in the UK, *Fiscal Studies* 29 (3): 387 -411, 2008.

[25] Romer, D., Advanced Macroeconomics (3rd), *McGraw - Hill*, 2005.

[26] Saez & Veall, The evolution of high incomes in Northern American, *American Economic Review* 95 (3): 831 -849, 2005.

[27] Salverda & Atkinson, Top incomes in the Netherlandsover the twentieth century, *in Atkinson and Piketty (Eds): Top Income over the Twentieth Century*, *Oxford UniversityPress*, 2005.

[28] Sherman Robinson, A Note on the U Hypothesis Relating Income Inequality and Economic Development, *American Economic Review*, 66, 1976.

[29] Sylvianne Guillaumout Jeanneney, Ping Hua. Real Exchange Rate and Income Disparity Between Urban and Rural Areas in China: A Theoretic and Econometric Analysis. *in Mary - FranÇoise Renard (Eds.), China and its Regions - Economic Growth and Reform in Chinese Provinces*, *Cheltenham : Edward Elgar*, 2002. 319.

[30] Wei Shang - Jin, Yi Wu. Globalization and Inequality: Evidence from within China. *NBER Working*, 2001, Paper 8611.

[31] Wilkingson, R. G. Unhealthy Societies, *London*: *Routledge*, 1996.

[32] Wolff, E. N. & A. Zacharias, The distributional consequences of government spending and taxation in theU. S., 1989and 2000, *Review of Income and Wealth*, 2007, 53 (4).

[33] Zhai Fan, Li Shangtong. The Impact of WTO Accession on Income Disparity in China. *in Mary - FranÇoise Renard (Eds.), China and its Regions - Economic Growth and Reform in Chinese Provinces*, *Cheltenham*: *Edward Elgar*, 2002. 145.

圆梦之旅（代后记）

三年的求学时光飞逝而去，一篇令自己不太满意的论文也算完成。回想自己当初大学毕业时在留言簿上的“人生与追求”的人生梦想：在学业上不断地获得突破，打下一个扎实的思考现实问题的理论功底；一定要站在最大多数人的角度来发现问题、解决问题并为他们服务。这一晃就是十七年，往日的豪情壮志在岁月的消磨中不断褪色。先是在学业的追求中不断拖后，在2006年才在兰州大学完成自己的硕士学习，在2011年才步入自己向往已久的学术殿堂中国社会科学院研究生院进行博士阶段的学习；后是对自己的人生志向，由于工作、生活的压力，造成自己较差的身体状况，很难静下心来去系统的思考一些重大的现实问题，有的只是破碎的、有时也算是深刻地对社会现实的感悟。

这次能进入中国社会科学院研究生院，跟随我崇拜已久的袁钢明老师学习宏观经济学，也算是自己的圆梦之旅。在博士学习过程中以及本书的写作过程中首先应该感谢的就是我的导师袁钢明老师。他高尚的人格、渊博的知识和出口成章的惊人才能深深地吸引了我、感染了我。尤其是他那独特的研究方法彻底改变了我，使我由一个接受型、服从型的“拿来主义”者转变为敢于独立思考、勇于发表批判性的不同观点的人；使我看到一些经典的学术著作、一些看似真理性的学术观点、一些看似完美的宏观经济决策都有其明显的不足，而对这些不足的认识往往更具有实践价值。与此同时我想到了我的师母贺老师，她那美丽、优雅和可亲的形象深深地留在了我的脑海中。每每看到的是她对袁老师无微不至的体贴和照顾；每每想到的是她对我的鼓励和关心。每次和师母见面，心里总是暖暖的。她每次见面总是非常关心的询问我的女儿杨涵之的情况、询问我的身体的状况，总是请我吃老家风味的饭菜。最让我感动的是她带我到东华医院查病并替我付费。这些美好的回忆一定会伴我终生。当然还应该感谢曾为我授课的名师或10次参加清华大学中国与世界经济研究中心宏观经济论坛使我受益的经济学大家们，他们是左大培、蔡昉、张晓山、杨春学、张斌、郑真真、高培勇、白重恩、张宇燕、李稻葵、金灿荣和雷鼎鸣等，从他们那也学到了许多宝贵的东西。

梦想的实现也得益于一些同事的相助。他们是我的前任院长黄仲信院长和曹瑞敏老师以及现任院长闫林德院长。黄院长解决了我生活中的巨大的后顾之忧；而正是在闫院长的不断鼓励和支持之下，我才有机会步入这人文社会科学的最高学术殿堂。在我三年的求学过程中，我还不断地麻烦我的同事刘仁维、李小安、卢远成、赵治斌、杨天、周俊峰、杨德峰、张学武、杜建设等。他们或帮助我的家人、或帮助解决我工作中身在外地而不能解决的问题，在这深深的鞠躬表示感谢。当然在夜深人静之际、在艰难困苦之中、在身心疲惫之时，浮现在我眼前的是我的家人。忆起20年前，母亲为了我上学的1000元学杂费，四处奔走20余天苦苦求借的经历，也忘不了为了再凑足我上学的路费和给我买一身像样的新衣服，我和母亲用架子车拉着家里的粮食去变卖，走在半路，车胎爆破、驴子惊吓逃走的经历；也忘不了我12岁时跟随父亲在寒冬腊月翻越陇山、往返20余千米、回来时父亲负重200余斤而我也背负70余斤的毛竹用来变卖，以购买早已不能接济的粮食。幸福的小家庭带给我无尽的欢乐。在求学的三年中，我几乎每天和家里通两次以上的电话，听着女儿甜甜的笑声和“你怎么还不回家呀”的催问，我的心都快要醉了。最愧疚和感激的是我美丽、善良、贤惠的妻子程丽红女士。在离家很久的这三年中，她除了要完成繁忙的工作，还承担了抚育女儿和沉重的家庭重担。正是在她的默默地支持之下，我才能专心的完成学业。也感谢我的岳母、姐姐和两个外甥女，她们也为我的小家帮了不少的忙。

在圆梦之旅中，忘不了我的同窗好友。他们是厉克奥博和李睿博士，在2012年的2月份我们远赴陕西省延川县开展了为期10天的欠发达地区的县域经济调查，这些宝贵的社会实践为我博士论文的写作积累了丰富的感觉，尤其是同门师弟厉克奥博，在我不在北京的日子，他帮助沟通了许多学业方面的问题；他们是我惜夺研院“新生杯”篮球比赛亚军的球友文春晖、张新宁、周瑞、徐孝新、张方、符号亮博士等，在紧张的学习之余，篮球运动为我缓解了许多压力，也带来了不少的乐趣；他们是高文杰、闭明雄、田旺杰、康健、王玉鹏博士等，与他们或进行学业上的交流、或漫步于研院校园谈天说地舒缓紧张的情绪，尤其是我的室友王玉鹏博士，在夜深人静的卧谈中，也从他高深莫测的知识库中学到了许多宗教学知识；还要特别感谢李银秀博士，她对我的论文格式和细小的差错经进行了检查和修改。

在袁老师的精心指导之下，在众多良师益友的帮助之下，在自己的苦苦探索中，我以中国低成本劳动力经济增长战略下的城乡差距为题，研究了造成当前城乡差距持续扩大且没有缓解的良策，哪是因为没有从根本上改变低成本的宏观经济增长战略，长期农村转移劳动力的工资一直处于较低的水平；哪是因为没有根据农村居民的实际情况来采取宏观经济政策，而是根据城市经济增长的需要来采取相应的宏观经济政策。西汉诗人陈烈在《题灯》一诗中写道，“富家一碗灯，沧海一粒粟；贫家一碗灯，父子相聚哭”。是讲有一个太守为了在元宵之夜大讲排场，要每家每户彻夜点亮一碗油灯。他哪里知道一碗油灯对富裕人家根本不算什么，但对于贫苦人家就是做饭用的油都很紧张，哪还能会用来点油灯。由此看见，要想真正缩小中国城乡居民收入差距，必须从最广大低收入者特别是农村居民的实际情况出发，建立长效的收入增长机制。对此我将坚持不懈的进行研究。

杨迎军

2014 年 4 月于北京